초등학생을 위한
맨 처음 과학 4

초등학생을 위한 맨 처음 과학 4

에너지의 정체를 밝혀라

김태일 글 | 마정원 그림 | 홍준의·최후남·고현덕·김태일 원작

휴먼어린이

초대하는 글

어린이 여러분, 과학 좋아하세요?

"네!" 하고 크게 대답하는 소리가 들리는 듯하군요.

그런데 이상하게 중학생만 되면 과학을 많이 어려워합니다. 싫어하는 과목으로 서슴없이 '과학'을 꼽기도 하고요. 이해하기 어렵고 외워야 할 것이 너무 많다나요. 과학을 가르치는 선생님으로서 참 안타깝고 마음이 무거웠답니다. 기본 원리만 잘 이해하고 과학적으로 생각하는 방법만 익히면 누구나 과학을 어렵지 않게 공부할 수 있을 텐데 말이죠.

이렇게 똑같이 고민하던 네 명의 과학 선생님이 모여서 "멋진 과학 교과서 하나 만듭시다!" 하고 만든 책이 바로 중·고등학생용 《살아있는 과학 교과서》랍니다. 선생님들은 "어떻게 하면 아이들이 과학의 기본 원리를 익히고 과학적으로 생각하는 즐거움을 맛보게 할 수 있을까? 또 어떻게 하면 과학이 우리의 생활과 뗄 수 없는 관계라는 것을 느끼게 할 수 있을까?" 하는 질문에 대한 해결책을 책에 담고자 많은 노력을 했답니다.

《초등학생을 위한 맨처음 과학》은 《살아있는 과학 교과서》를 초등학생 독자들도 알기 쉽게 만화로 만든 것이랍니다. 어려운 책을 단순히 만화로 바꾸기만 한다고 쉽게 이해되는 것은 아니겠지요? 그래서 만화로 만드는 과정에서 초등학생이 이해하기 어려운 부분은 쉽게 풀어내고, 새로 알아야 할 내용은 추가했답니다. 그리하여 초등학생에게 적합한 과학책으로 다시 태어났답니다.

《초등학생을 위한 맨처음 과학》에는 과학의 기본 원리나 과학적으로 생각하는 방식이 발명가 아저씨와 아이들의 대화 속에 자연스럽게 스며들어 있습니다. 아저씨와 아이들은 특별한 사람이 아닙니다. 여러분의 삼촌이나 이웃을 떠올리며 아저씨를 그렸고, 아이들도 바로 여러분의 모습을 담아냈습니다. 아저씨와 아이들은 좌충우돌하며 주변에서 일어나는 일에 대해 자연스럽게 고민하고 과학적으로 해결해 나갑니다. 이들의 대화 속에는 과학적 개념이 녹아 있으며, 과학적으로 생각하는 과정이 살아 있습니다. 여러분도 이렇게 과학을 공부하면 좋겠습니다. 책을 통해 알게 된 사실을 친구나 부모님과 자연스럽게 얘기를 나누는 과정이 바로 과학 공부지요.

 이 책에는 과학 개념과 생각할 거리가 많이 들어 있습니다. 그렇다고 '과학 공부'만 앞세운 딱딱한 책은 절대 아니에요. 과학을 쉽게 배우는 동시에 이야기를 읽는 즐거움까지 느낄 수 있도록 애썼답니다. 독특한 성격의 아이들, 풍부한 상상력과 기발한 아이디어를 가진 아저씨가 날리는 한마디 한마디가 새로운 즐거움을 가져다줄 것입니다. 자, 이제 함께 과학이 펼치는 풍부한 이야기 속으로 빠져들어 볼까요?

2016년 9월
김태일

등장인물

발명가 아저씨

엉뚱한 상상력으로 희한한 발명품들을 만들지만 늘 실패한다.
동네 아이들에게 친절하게 과학을 설명하는 순수한 아저씨.

팽숙

전교 1등을 놓쳐 본 적이 없는 우등생.
하지만 잘난 체를 너무 많이 한다는 단점이 있다.

영배

조금 바보스럽지만 번뜩이는 생각을 많이 쏟아 낸다.
착하고 다정다감하다.

철수
영배의 단짝 친구. 축구를 좋아한다.
메시 같은 축구 선수가 되는 것이 꿈.

조용하지만 과학에 대한 호기심이 많고
자연에 대한 감성은 누구보다 섬세하다.

덕구
발명가 아저씨네 집에서 사는 강아지.

차례

초대하는 글	4
등장인물	6

1 현대 과학 산책

01 초미세 세계의 과학, 나노 기술	12
02 특수 상대성 이론	20

2 전기와 자기

01 정전기의 발견	30
02 흐르는 전기, 전류	40
비둘기가 우체부가 된 사연	52
03 전기와 자기의 만남	54
못 팽이를 만들어 보자!	66
04 전자기파의 발견	70

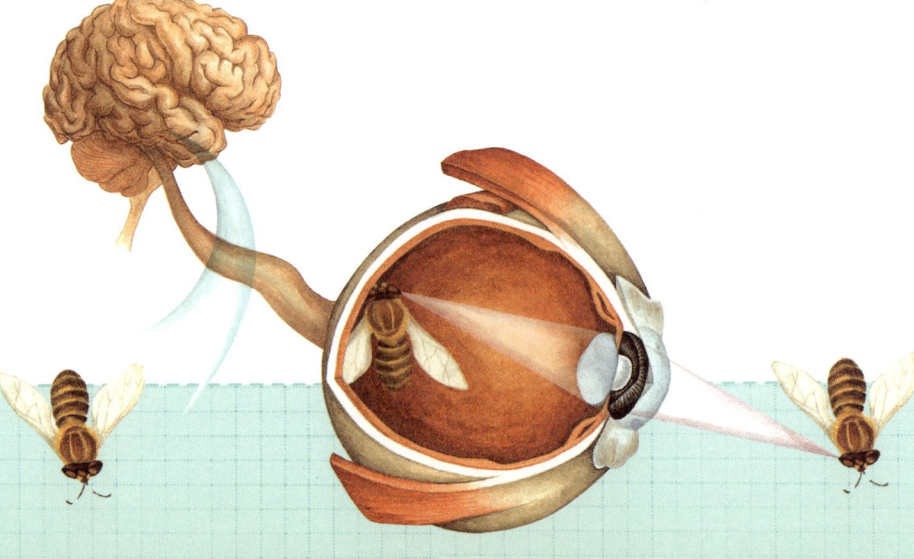

3 빛

01	빛의 성질	82
	빛의 반사와 굴절	92
02	빛의 색과 에너지	94
	흑백 무늬에서 색깔이 보인다고?	102
03	빛을 인식하는 눈	106
04	물질이 내는 빛	118
	착시 현상으로 생긴 일들	128

4 에너지

01	일이란 무엇일까?	134
02	에너지란 무엇일까?	146
	튀지 않는 탁구공	156
03	에너지 보존의 법칙	160
	사람이 할 수 있는 일의 양은 얼마나 될까?	170
04	에너지 전환과 열에너지	172
05	신재생 에너지	182
	영구 기관을 만들 수 있을까?	188

세상을 빛낸 과학, 과학자들   190

1 현대 과학 산책

01 초미세 세계의 과학, 나노 기술
02 특수 상대성 이론

01 초미세 세계의 과학, 나노 기술

옛날 방식으로 문자를 기록한다면 그 분량이 어마어마할 거예요. 1959년, 미국의 이론 물리학자인 리처드 파인만은 한 강연에서 "미래에는 글자 하나를 아주 작게 축소하는 일이 가능해져 백과사전만큼 많은 분량도 바늘 끝에 기록할 수 있는 시대가 올 것이다."라고 말했습니다.

오래전 인류는 자연 상태의 물질을 그대로 사용하거나 다듬어 사용하다가 청동기와 철기로 이어지는 물질문명을 발전시켰습니다. 물질에 대한 정보와 지식이 쌓이고 물질을 이용할 수 있는 기술이 발달하면서 자연 상태의 재료보다 더 우수한 성질을 가진 재료를 만들 수 있게 되었습니다. 처음에는 우리가 만질 수 있거나 현미경으로 볼 수 있는 크기의 것이었지요. 하지만 지금의 과학자들은 이보다 훨씬 작은 물질에 관심을 집중하고 있습니다.

01 초미세 세계의 과학, 나노 기술 **13**

| 21세기의 첨단 기술 |

나노는 10^{-9}을 표현하기 위한 용어로 난쟁이를 뜻하는 그리스어 'nanos'에서 유래했습니다. 나노는 마이크로보다 1,000분의 1 작은 크기입니다. 곧 1나노미터(nm)는 10억 분의 1미터의 크기지요. 나노 물질은 보통 원자 3~4개 정도가 나란히 배열되었을 때의 크기이며, 이것은 세포나 바이러스보다 훨씬 작습니다.

파인만은 나노의 세계를 제시했습니다. 원자 설계도에 따라 원자를 하나하나 쌓아 가면 어떠한 물질과 장치도 만들 수 있다며 동료 학자들에게 원자의 수준에서 물질을 통제해 보라는 숙제를 냈지요. 약 30년 뒤, IBM 연구소의 과학자들은 35개의 제논 원자를 니켈의 결정체 표면 위에 정렬시켜 IBM이라는 글자를 만들어 냈습니다.

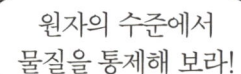

| 풀러렌의 발견과 나노 연구 |

1985년에는 헬륨 가스 안에서 흑연에 레이저 광선을 쏘아 주었을 때 검은색 분말이 생기는 것을 발견했습니다. 이 물질은 흑연이나 다이아몬드와 다른 탄소 원자 60개로 이루어졌는데, 이것이 바로 풀러렌입니다.
풀러렌은 다이아몬드를 능가할 정도로 단단하며 고온과 고압에도 잘 견딜 수 있습니다. 또한 특이한 전기적 반응을 일으키는데 다른 물질과 어떻게 결합했는가에 따라 도체·반도체·초전도체의 기능을 합니다. 그 밖에도 응용 가능성이 매우 많기 때문에 다양한 분야에서 연구되고 있습니다. 풀러렌의 발견은 나노 기술의 연구에 불을 지피는 계기가 된 것이지요.

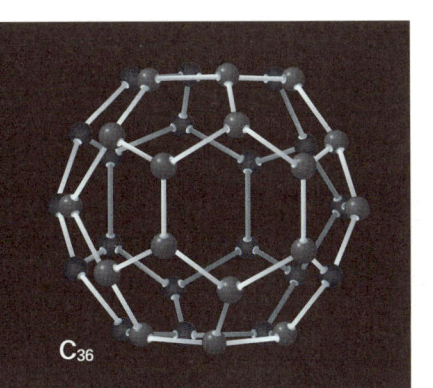
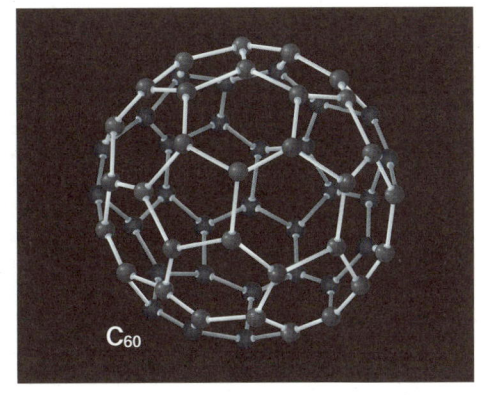
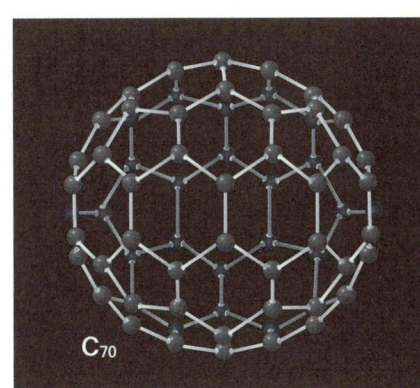

풀러렌의 분자 모형
1985년 스몰리 등에 의해 탄소 원자만으로 이루어진 C_{60}의 풀러렌이 발견된 이후, 다른 개수의 탄소로 이루어진 풀러렌 분자들이 계속 만들어지고 있다. 풀러렌은 대칭 구조로 이루어져 있어 매우 단단하고, 내부의 비어 있는 공간은 다른 물질을 담아 운반할 수 있기 때문에 과학 분야에서 응용성이 높은 새로운 물질로 각광받고 있다.

꿈의 신소재, 탄소 나노 튜브

'나노 튜브'라는 말을 들어본 적이 있을 거야.

네~

탄소가 가늘고 긴 대롱 모양으로 연결된 것으로, 1991년 일본의 이지마 박사가 처음 발견했어.

지름이 머리카락 굵기의 10만 분의 1에 불과하지만

존경합니다!

머리카락

흠흠~

전기 전도도는 은과 비슷하고 강도는 철강보다 100배 높아.

음, 빠른데?

저보다 강하시군요!

은   철

탄소 나노 튜브는 꿈의 신소재로 각광받고 있어.

탄소 나노 튜브는 전기와 열의 전달 능력이 매우 우수해. 또한 탄소 원자들 사이의 결합이 강하기 때문에 화학적으로도 안정적이야. 그래서 반도체나 초강력 섬유, 열과 마찰에 잘 견디는 표면 재료로 사용할 수 있지.

| 나노 기술의 현재와 미래 |

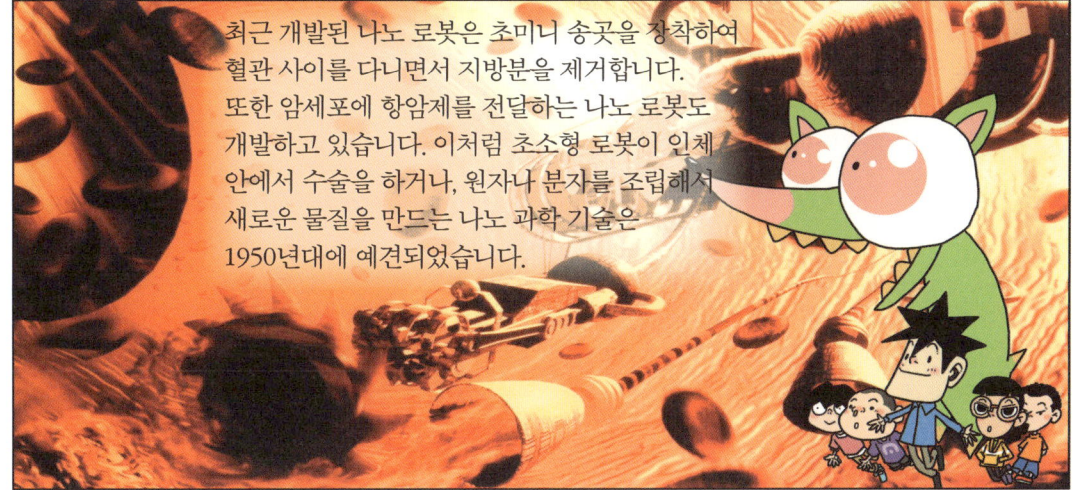

최근 개발된 나노 로봇은 초미니 송곳을 장착하여 혈관 사이를 다니면서 지방분을 제거합니다. 또한 암세포에 항암제를 전달하는 나노 로봇도 개발하고 있습니다. 이처럼 초소형 로봇이 인체 안에서 수술을 하거나, 원자나 분자를 조립해서 새로운 물질을 만드는 나노 과학 기술은 1950년대에 예견되었습니다.

나노 기술은 앞으로 정보 통신·생명 공학·의료·환경·에너지 분야뿐 아니라 더욱 넓은 범위에서 산업 발전에 기여할 것입니다. 나노 기술을 이용하면 초소형 가전제품의 생산이나, DNA 구조를 이용한 동식물의 복제와 강철 섬유 같은 새로운 물질의 제조도 가능해집니다.

이러한 나노 기술을 개발하기 위해서는 한 분야의 기술만으로는 안 되고, 여러 분야의 학문이 서로 연계되어야 합니다. 물리학·화학·생명 공학·기술 공학에 이르기까지 다양한 분야의 과학 기술자들이 함께 연구해야 하지요. 따라서 정보를 함께 나누고 협력해서 연구하는 자세가 무엇보다 필요합니다. 여러분도 과학의 여러 분야에서 나노 기술을 연구하는 멋진 과학자가 되어 한국을 빛내는 상상을 해 보는 것은 어떨까요?

02 특수 상대성 이론

| 현대 물리학의 두 기둥 |

이 소년이 나중에 시간과 공간의 개념을 뒤흔들어 놓은 상대성 이론을 발표할 거라고는 아무도 생각지 못했습니다. 뉴턴의 고전 물리학과 완전히 다른 20세기의 현대 물리학은 상대성 이론과 양자 역학이라는 두 기둥 위에 건축되었습니다.

'빛의 성질'을 탐구하는 과정에서 탄생한 두 이론은 각각 시간과 공간, 그리고 원인과 결과에 대한 인류의 생각까지 근본적으로 바꾸는 대변혁을 가져왔습니다.

| 특수 상대성 이론과 일반 상대성 이론 |

아인슈타인의 상대성 이론은 크게 '특수 상대성 이론'과 '일반 상대성 이론'으로 나눌 수 있습니다. 특수 상대성 이론은 사물이 일정한 속도로 움직이는 '특수한' 상황을 전제로 한 것이고, 일반 상대성 이론은 속도가 변하는 운동까지 다루는 이론입니다.

시계가 느려지고 길이가 줄어든다

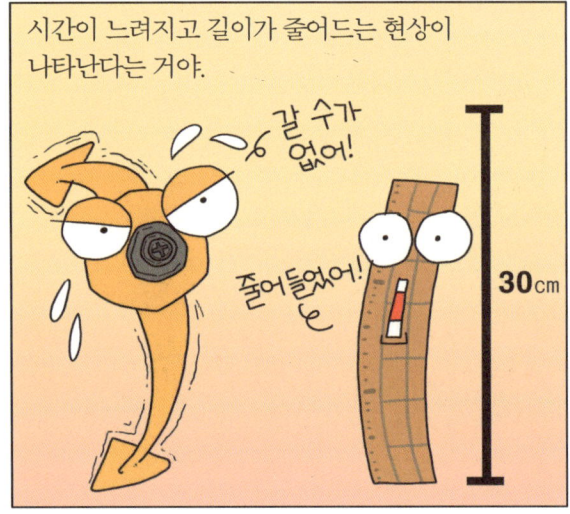

| 무엇도 빛을 추월할 수는 없다 |

시계가 느려진다?

| 공간이 줄어든다? |

또한 빛에 가까운 속도로 달리는 기차가 있다면 기차와 기차 안에 있는 모든 것은 운동 방향으로 길이가 줄어들 것입니다. 쉽게 말해서 승객들의 몸이 날씬해진다는 것이지요. 이처럼 운동하는 물체의 길이가 줄어드는 것을 '로렌츠 수축'이라고 합니다.
네덜란드 물리학자 로렌츠가 길이의 수축을 예측한 데서 이렇게 이름 붙였습니다.

운동 방향 ➡

아인슈타인은 시간의 연장과 함께 로렌츠 수축이 시공간의 근본 성질이라는 것을 알아채고 이를 특수 상대성 이론으로 공식화했습니다.

우주에서 절대적이고 변하지 않는 것은 빛의 속도뿐이야. 절대적이라고 믿었던 시간과 공간이 오히려 상대적인 것이지.

2 전기와 자기

01 정전기의 발견 | 02 흐르는 전기, 전류
03 전기와 자기의 만남 | 04 전자기파의 발견

01 정전기의 발견

건조한 겨울철이 되면 자동차 문의 손잡이를 잡는 순간 손이 찌릿찌릿하여 놀라는 경우가 있습니다. 머리를 빗을 때 빗에 머리카락이 달라붙거나 옷을 벗을 때 '따닥' 소리가 나기도 합니다. 어떨 때는 불꽃이 생기기도 하는데, 이런 현상은 왜 생기는 걸까요?

❶ **전기의 발견**

❷ **정전기 현상을 본격적으로 연구하다**

그래서 1660년 독일의 과학자 게리케는 정전기를 대량으로 만들 수 있는 장치를 발명했어.

❸ 정전기 현상은 왜 일어날까?

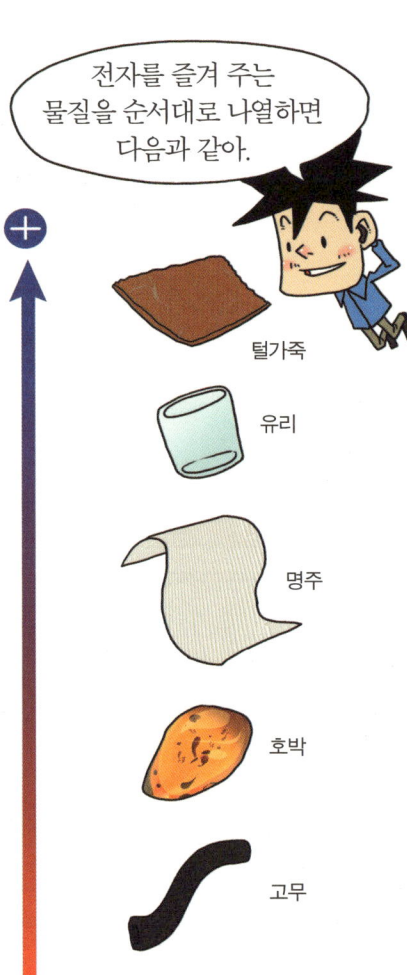

마찰 전기 실험

털가죽과 플라스틱 막대를 문지르면 털가죽에서 플라스틱 막대로 전자가 이동한다.
이에 따라 플라스틱 막대는 (−)전기로 대전되고, 털가죽은 (+)전기로 대전된다.

플라스틱 막대는 보통 상태보다 더 많은 전자를 갖는다.

마찰에 의해 전자가 이동한다.

털가죽은 보통 상태보다 더 적은 전자를 갖는다.

④ 정전기를 일으키는 물질, 전자

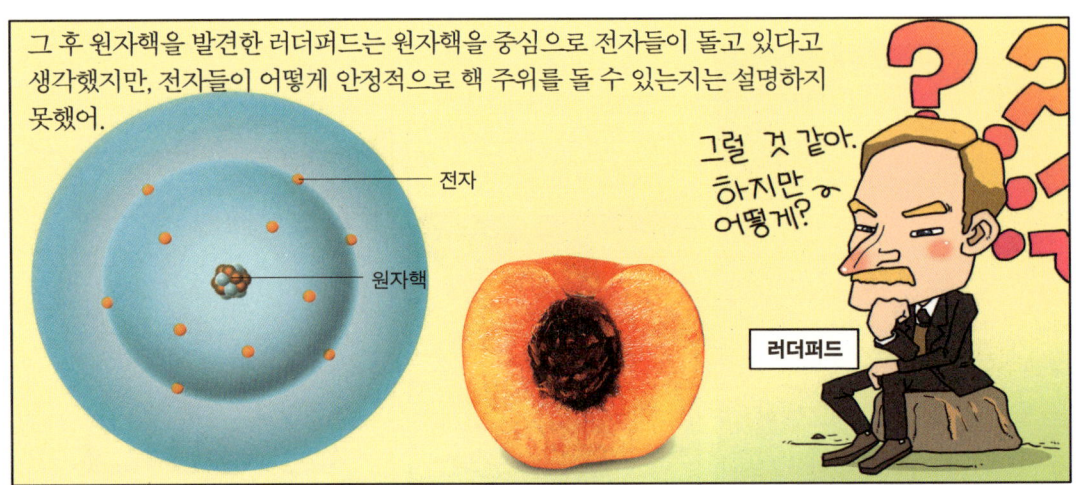

그 후 원자핵을 발견한 러더퍼드는 원자핵을 중심으로 전자들이 돌고 있다고 생각했지만, 전자들이 어떻게 안정적으로 핵 주위를 돌 수 있는지는 설명하지 못했어.

그럴 것 같아. 하지만 어떻게?

러더퍼드

보어가 이 고민을 해결했지. 제가 풀어 보지요!

보어

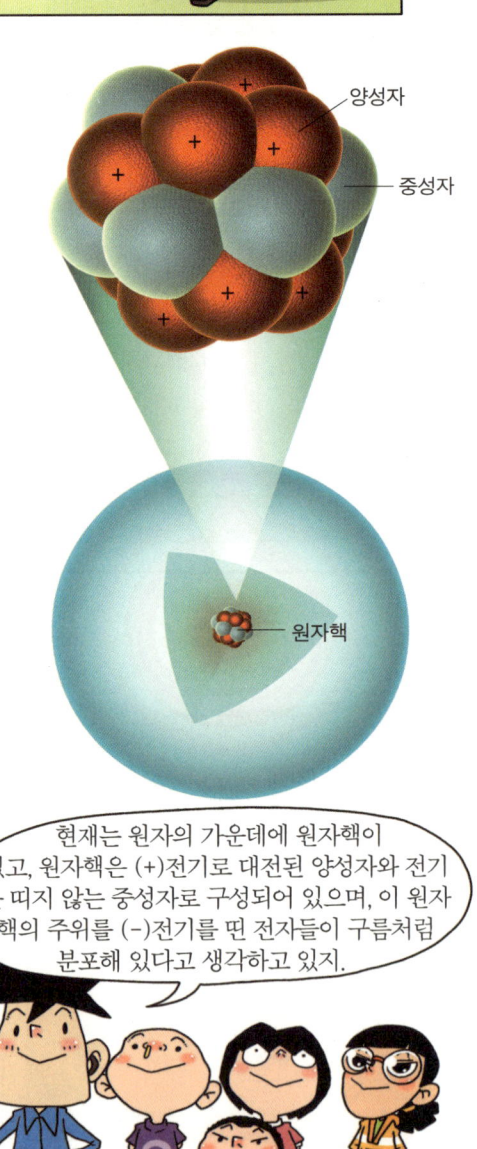

양성자
중성자
원자핵

보어는 원자 내의 전자들이 특정한 궤도에서 돌고 있다고 생각했지. 이를 통해 수소 원자의 구조를 밝힐 수 있었어.

전자
원자핵
에너지 준위

현재는 원자의 가운데에 원자핵이 있고, 원자핵은 (+)전기로 대전된 양성자와 전기를 띠지 않는 중성자로 구성되어 있으며, 이 원자핵의 주위를 (-)전기를 띤 전자들이 구름처럼 분포해 있다고 생각하고 있지.

 **과학 톡톡**

마찰 전기는 왜 발생할까?

물질은 원자들의 결합으로 이루어지며, 원자는 원자핵과 전자로 나눌 수 있다. 보통의 물질은 원자핵의 (+)전기와 전자의 (-)전기의 양이 같아서 전기적으로 중성이다. 하지만 두 물질을 마찰시키면 한 물체에서 다른 물체로 전자가 이동하여 전기를 띠게 된다.

1. 원자의 구조

원자의 중심에는 (+)전기를 띤 원자핵이 있으며, 그 주위를 (-)전기를 띤 전자가 운동하고 있다. 원자핵은 (+)전기를 띤 양성자와 전기를 띠지 않은 중성자로 이루어져 있는데, 양성자와 전자의 개수가 같기 때문에 원자는 전기적으로 중성이다.

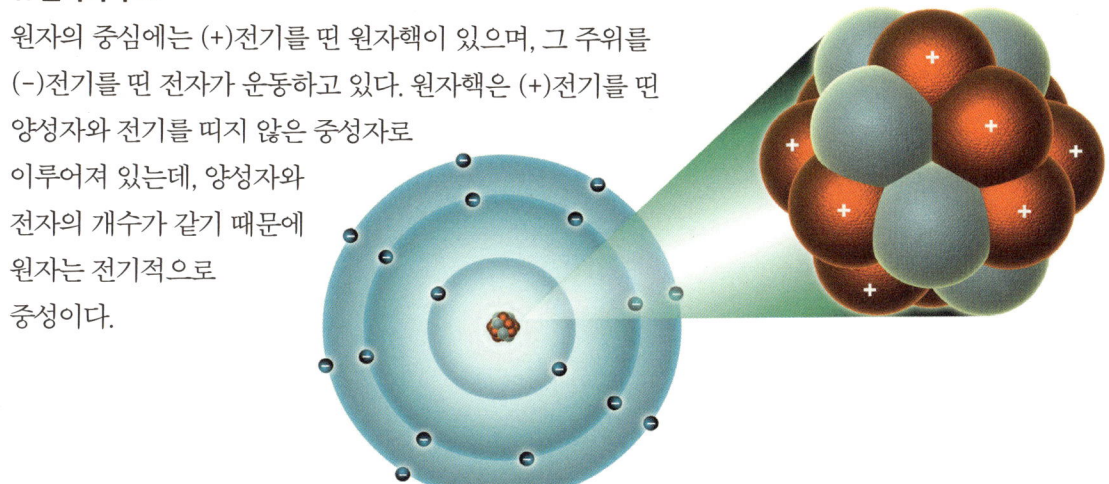

2. 마찰 전기의 발생

물체를 마찰시키면 한 물체에서 다른 물체로 전자가 이동하기 때문에 전기를 띠게 된다. 이때 전자를 잃은 물체는 (+)전기로 대전되고, 전자를 얻은 물체는 (-)전기로 대전된다.

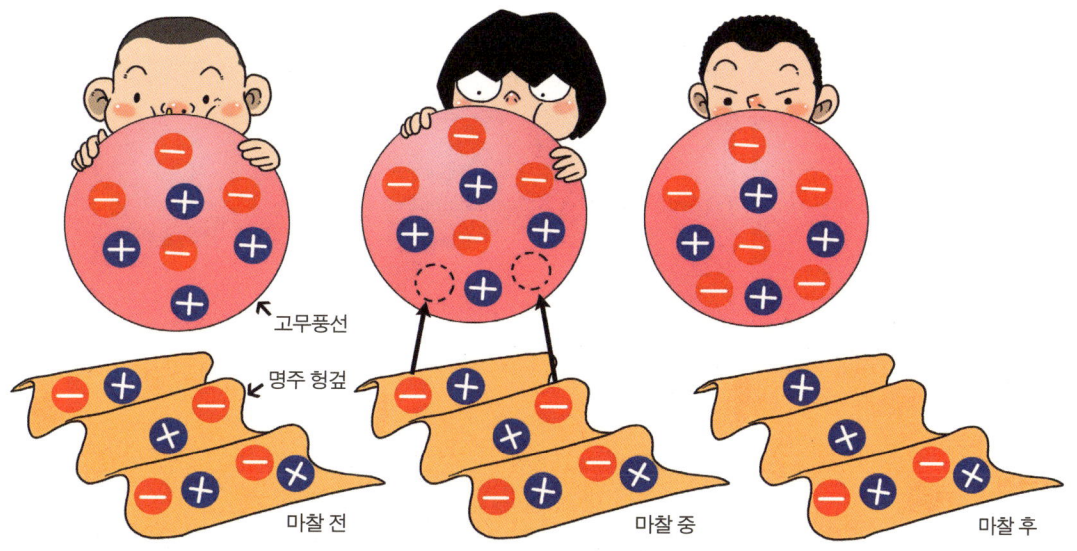

고무풍선과 명주 헝겊을 마찰시키면 전자들이 명주 헝겊에서 고무풍선으로 이동한다. 따라서 명주 헝겊은 (+)전기로 대전되고, 고무풍선은 (-)전기로 대전된다.

02 흐르는 전기, 전류

무더운 여름밤, 갑자기 정전이 되자 집 안은 아수라장으로 변했습니다. 에어컨은커녕 선풍기도 돌아가지 않고 샤워도 못 하고, 게다가 내일은 시험이라 공부도 해야 하는데…. 스위치만 켜면 들어오던 전기가 새삼 그리울 따름입니다. 전기는 어떻게 흘러 우리 집까지 오는 것일까요?

자~ 오랜만에 공부를….

앗! 전기가 나갔네?

으악! 내일 시험인데!

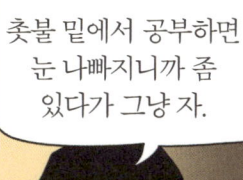

❶ 전자들의 흐름, 전류

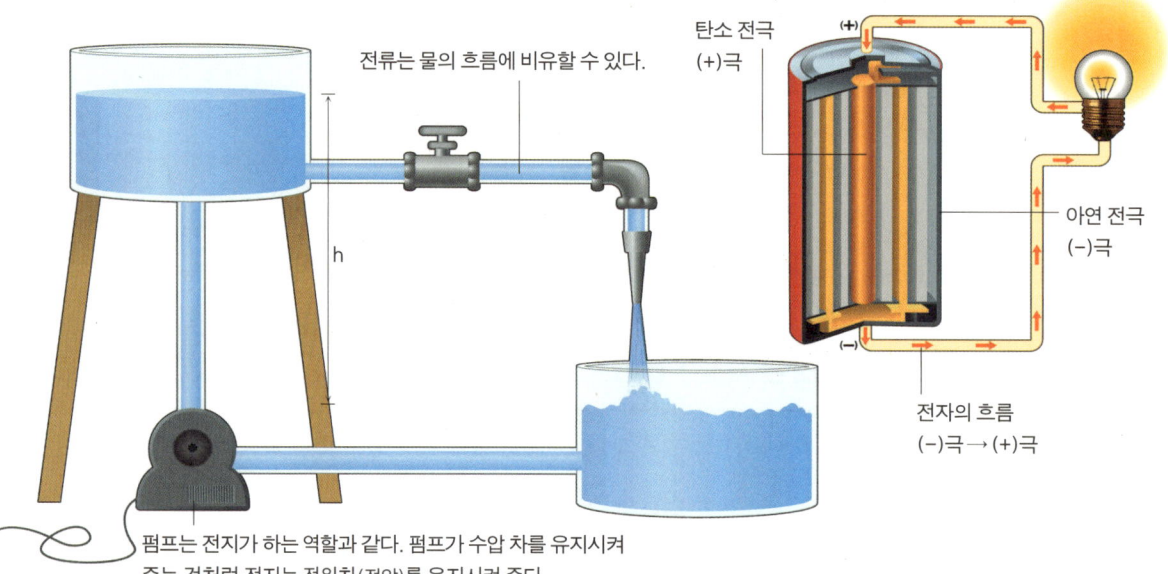

그 후 전류는 전자의 흐름으로 밝혀졌지만, 전류의 방향 표시는 처음에 정한 그대로 사용하기로 한 거야.

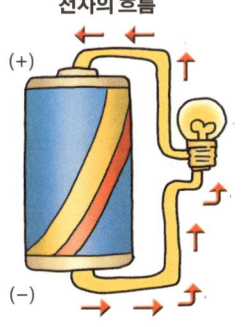
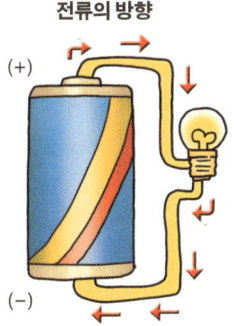

❷ 전류의 세기

❸ 전류의 흐름을 방해하는 저항

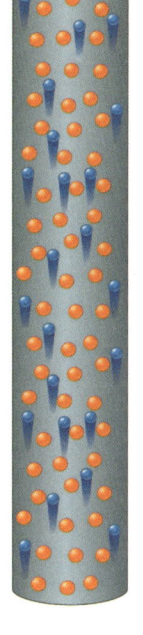

도선의 길이와 굵기에 따른 저항
가늘고 긴 도선은 굵고 짧은 도선보다 저항이 크다.

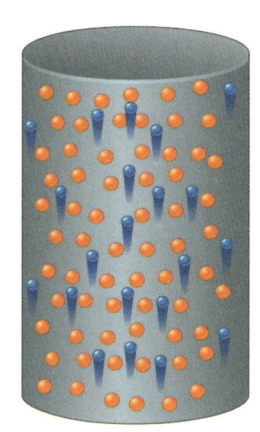

● 원자핵
● 전자의 이동

❹ 전압·전류·저항의 관계는?

옴의 법칙 전류의 세기는 전압에 비례하고 저항에 반비례한다.

소금물과 설탕물의 차이는?

설탕과 소금은 고체 상태에서는 둘 다 전류가 흐르지 않는다. 그러나 두 물질을 각각 물에 녹이면 상황은 달라진다. 설탕물은 여전히 전류가 흐르지 않지만, 소금물은 전류가 잘 흐른다. 두 용액은 어떤 차이가 있을까?

설탕물 : 중성의 설탕 분자만 있고, 전하를 운반하는 입자가 없기 때문에 전류가 흐르지 않는다.

소금물 : 물에 녹으면 전기를 띤 입자인 양이온과 음이온으로 나뉘고, 이 입자들이 전하를 운반하기 때문에 전류가 잘 흐른다.

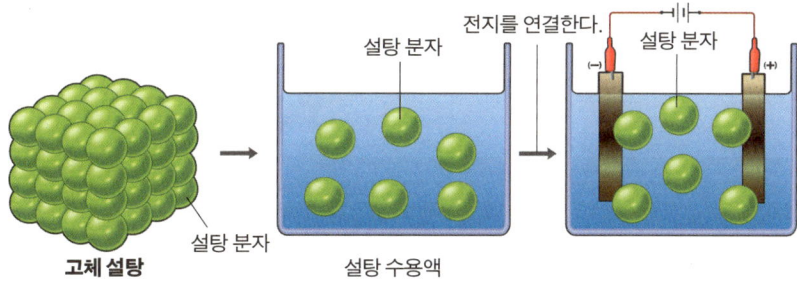

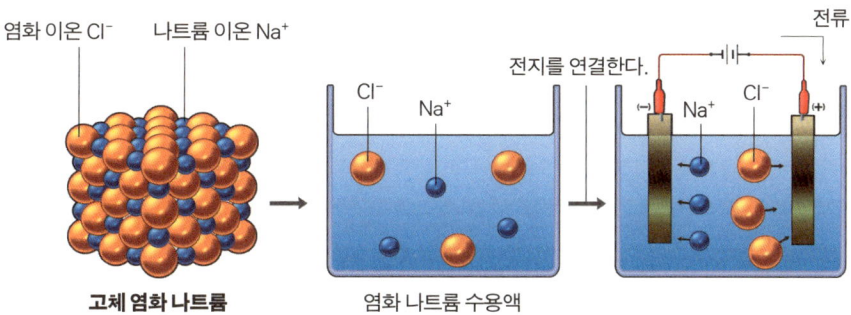

전해질 : 소금처럼 물에 녹았을 때 이온화되어 전기를 통하게 하는 물질.

비전해질 : 설탕처럼 물에 녹아도 전기가 통하지 않는 물질.

교과서 밖 과학

비둘기가 우체부가 된 사연

지금처럼 휴대전화나 인터넷, 전화 등 통신 시설이 없던 시절에는 비둘기가 멀리 떨어진 지역에 소식을 전해 주었다. 아주 오래전부터 비둘기는 '전서구(傳書鳩)'라 불리며 먼 곳까지 소식을 전해 주었다. 다리에 편지를 묶어 날려 보내면 비둘기는 정확하게 날아가 편지를 전달해 주었던 것이다. 비둘기는 아무리 멀리 있어도 자기의 집을 찾아오는 습성이 있는 것으로 알려져 있다. 사람들은 방향 감각과 귀소 본능이 뛰어난 비둘기를 서로 교배시켜 그런 특성이 발달된 품종을 유지시켰다.

비둘기들은 어떻게 해서 집을 찾아오는 것일까? 과학자들은 여러 연구를 통해 태양과 자기장이 비둘기가 집을 찾는 데 큰 역할을 한다는 사실을 밝혀냈다. 비둘기는 태양을 기준으로 방향을 잡아 자기 집을 찾아온다는 것이다.

과학자들은 비둘기를 정상보다 6시간 일찍 일어나고 일찍 자게 했다. 정상보다 6시간 빠르게 아침처럼 빛을 쬐어 주고 저녁에도 6시간 빠르게 어둡게 해 주었다. 그런 다음 자연 상태에서 생활한 비둘기와 실험 비둘기를 집이 보이지 않는 먼 곳에서 함께 날려 보냈다. 그랬더니 자연 상태에서 생활한 비둘기는 자기 집으로 잘 찾아왔으나 6시간 일찍 일어난 비둘기는 시계 반대 방향으로 90° 정도 떨어진 위치를 찾아갔다고 한다. 그리고 흐린 날에 실험을 하면 두 비둘기 모두 집을 잘 찾지 못했다고 한다. 이 실험은 비둘기가 집을 찾는 데 태양이 중요한 지표 역할을 한다는 것을 의미한다.

자기장도 비둘기가 집을 찾아오는 데 중요한 역할을 한다. 과학자들은 비둘기에게 불투명한 콘택트렌즈를 끼워 앞이 잘 보이지 않도록 한 다음 먼 곳에서 날려 자기 집을 잘 찾아가는지 알아보는 실험을 했다. 그랬더니 비둘기들은 놀랍게도 정확히 집을 찾아왔다. 이번에는 지구 자기장의 영향을 알아보는 실험을 했다. 먼저 비둘기의 머리에 코일을 감아 전기를 통하게 하여 북반구에서 지구 자기의 N극이 위치하는 것처럼 N극이 비둘기의 머리 아래쪽에 형성되도록 했더니 이 비둘기는 흐린 날에도 집을 잘 찾아갔다. 그런데 N극이 비둘기의 머리 위쪽을 향하도록 했더니 비둘기들이 집에서 아주 멀리 떨어진 곳으로 날아가 집을 찾지 못했다고 한다. 또 다른 연구를 통해 아주 맑은 날에도 인위적으로 자기장을 변화시키면 비둘기가 멀리 흩어지고, 집을 잘 찾아오지 못한다는 사실을 알게 되었다.

　이처럼 비둘기가 집을 찾는 데는 태양과 자기장의 영향을 받는다. 과학자들은 비둘기가 자기장을 감지할 수 있는 기관을 갖고 있으리라 확신했다. 이를 확인하기 위해 과학자들은 집비둘기를 해부하여 각 기관을 조사해 보았다. 그 결과 전두엽 두개골에 0.1㎛ 크기의 바늘 모양으로 생긴 철을 포함한 기관이 100만 개 정도 있는 것을 발견했다. 게다가 비둘기와 다른 종류의 철새의 목 근육에서도 영구 자석과 비슷한 물질을 발견했다고 한다. 결국 이러한 기관이 자기장을 감지하여 비둘기나 철새가 방향을 인식하는 역할을 하는 것으로 볼 수 있다.

전쟁에 이용된 전서구
소식을 전하도록 훈련된 비둘기는 군대의 통신 수단으로 널리 쓰였지만 제2차 세계 대전 이후 서서히 사라지기 시작했다.

03 전기와 자기의 만남

전류가 흐르는 도선 주위에 나침반을 놓으면 나침반 바늘이 움직입니다. 과학자들은 우연히 발견한 이 현상에서 전기와 자기의 관련성을 찾아냈고, 이를 발전시켜 현대 문명의 기반이 되는 전동기와 발전기를 개발했습니다. 전기와 자기는 어떤 연관이 있을까요?

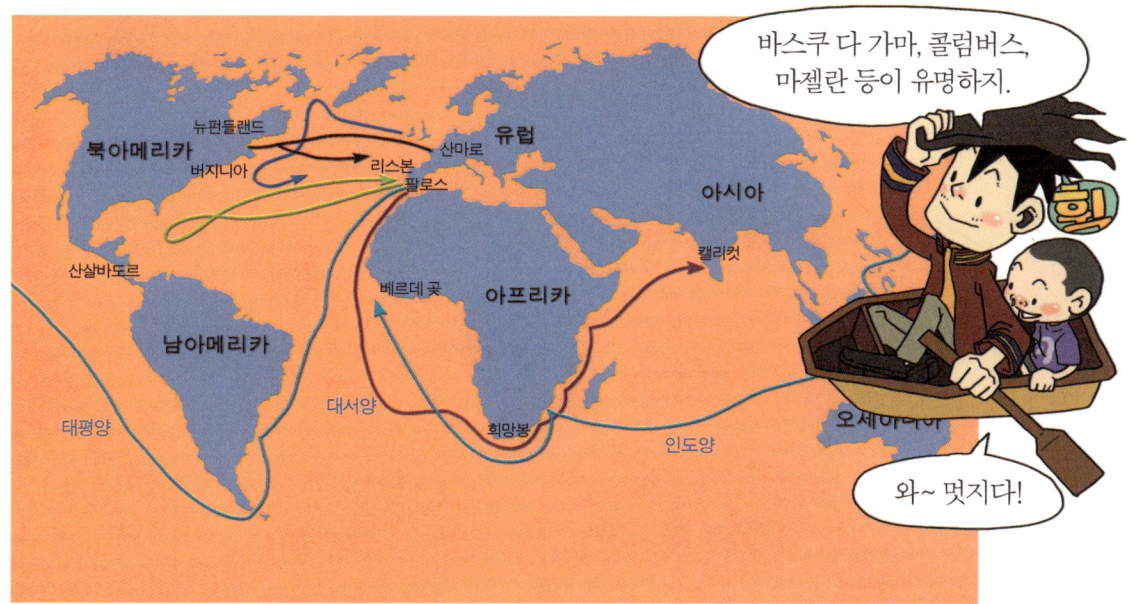

❶ 자석은 자기장을 만든다

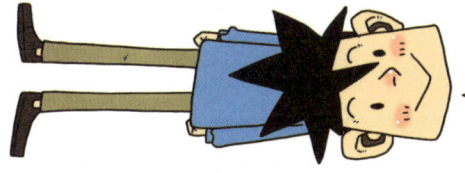

막대자석 주위의 자기장
철가루가 늘어선 모양은 자석 주위에 형성되는 자기장의 모양을 보여 준다. 자기장의 근원은 자석을 이루고 있는 철 원자 내의 전자 운동이다.

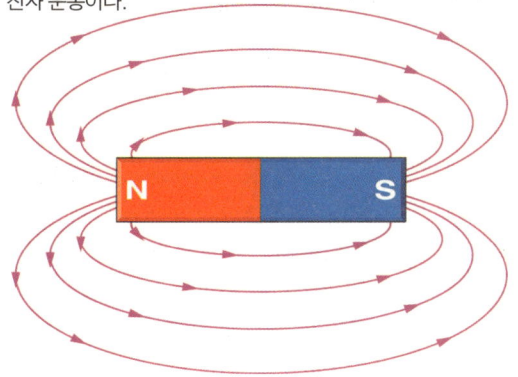
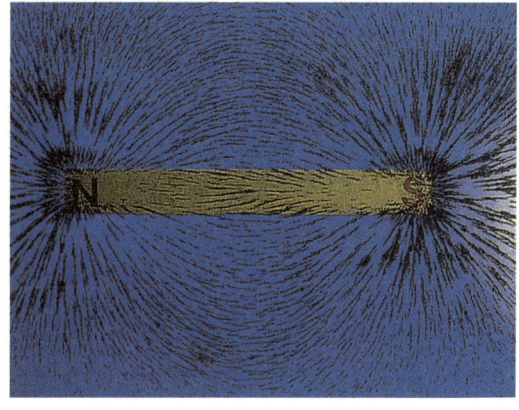

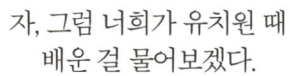

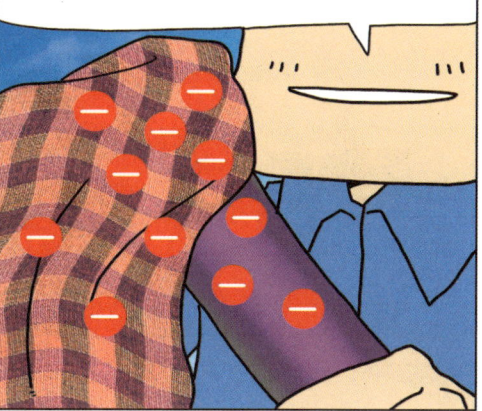

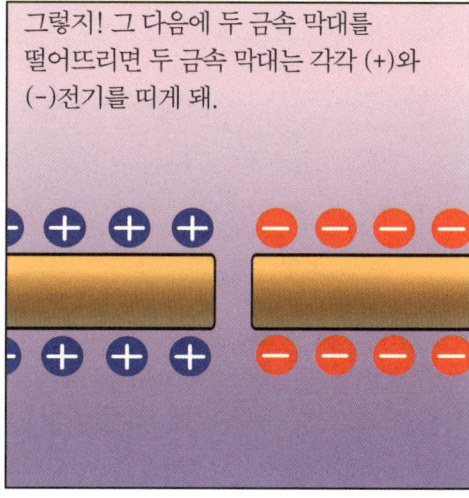

❷ 전류도 자기장을 만든다

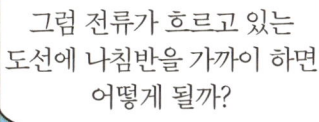

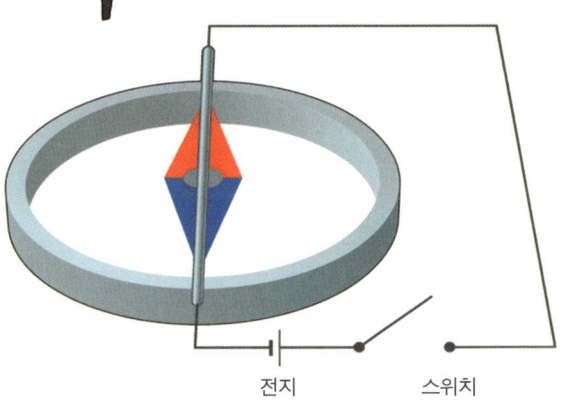

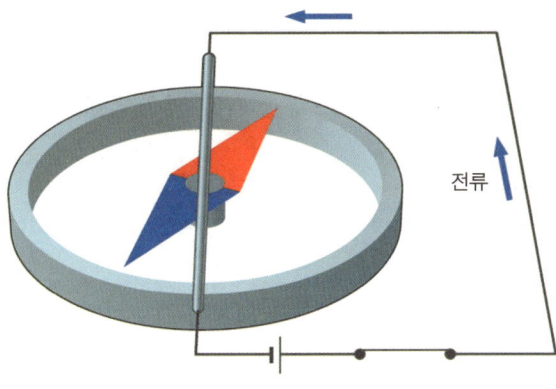

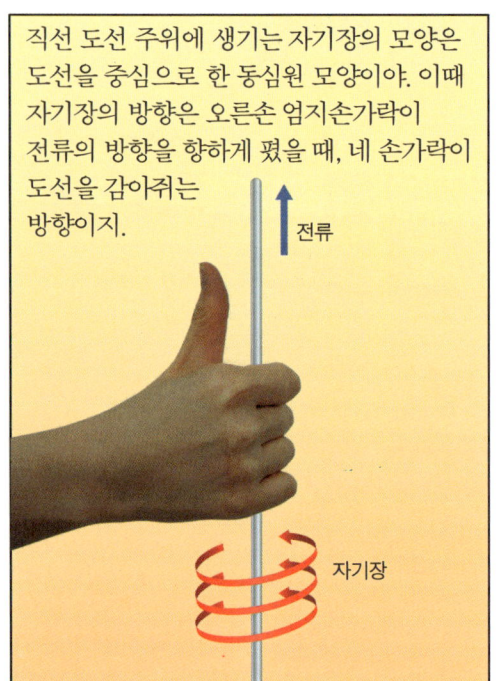

직선 도선 주위에 생기는 자기장의 모양은 도선을 중심으로 한 동심원 모양이야. 이때 자기장의 방향은 오른손 엄지손가락이 전류의 방향을 향하게 폈을 때, 네 손가락이 도선을 감아쥐는 방향이지.

전류가 흐르는 고리와 코일 주위의 자기장
고리의 각 부분을 직선 도선의 일부분으로 보고 직선 전류에서처럼 오른손을 이용하면, 짧은 직선 도선에 흐르는 전류에 의한 자기장의 방향을 알 수 있다. 이들을 모두 합하면 원형 전류에 의한 자기장이 된다.

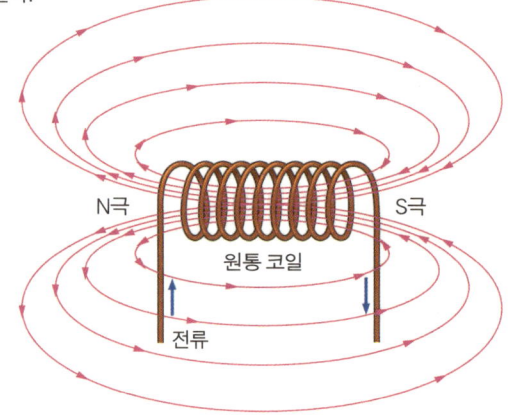

내 이름을 따서 '앙페르의 오른나사의 법칙'이라고 해.

그런데 왜 오른나사의 법칙이지?

그러게?

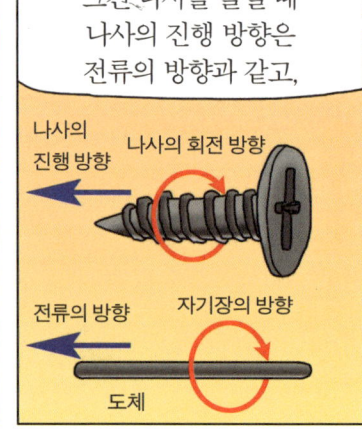

그건 나사를 돌릴 때 나사의 진행 방향은 전류의 방향과 같고,

나사의 회전 방향은 자기장의 방향과 같아서 붙인 이름이야.

62   2 전기와 자기

❸ 전자기 유도 법칙

영국의 물리학자 패러데이는 코일로 감아 놓은 도선의 양끝을 검류계와 연결하고 코일 안으로 자석을 넣었다 뺐다 하면 전류가 흐른다는 사실을 발견했어.

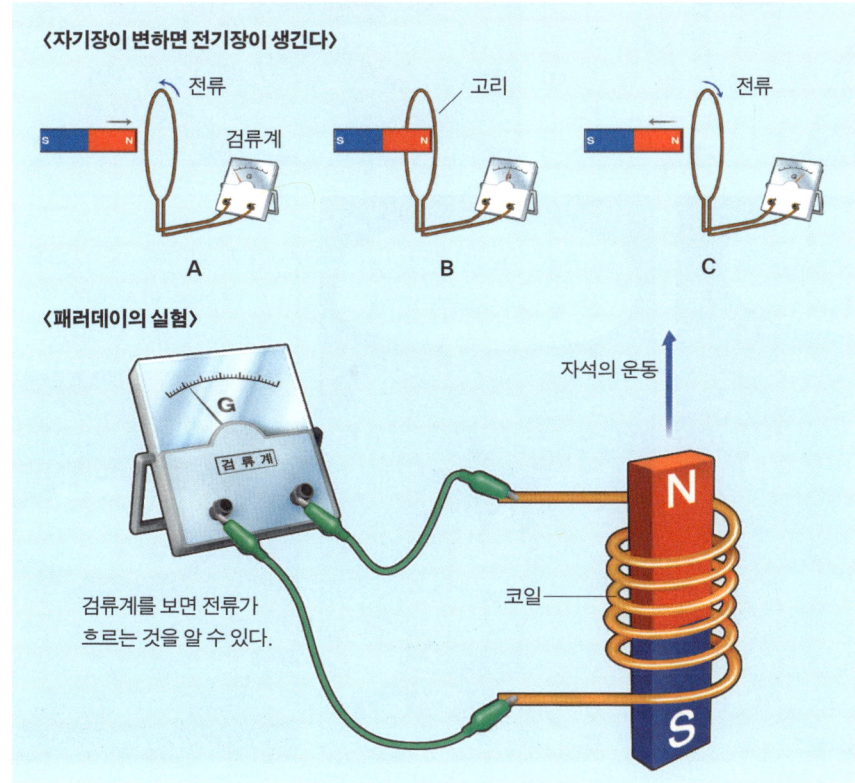

전자기 유도 실험
자석을 오른쪽(A)으로 움직일 때와 왼쪽(C)으로 움직일 때 도선에 흐르는 전류의 방향은 반대이다. 또한 자석을 움직이지 않으면 (B) 전류가 흐르지 않는다.

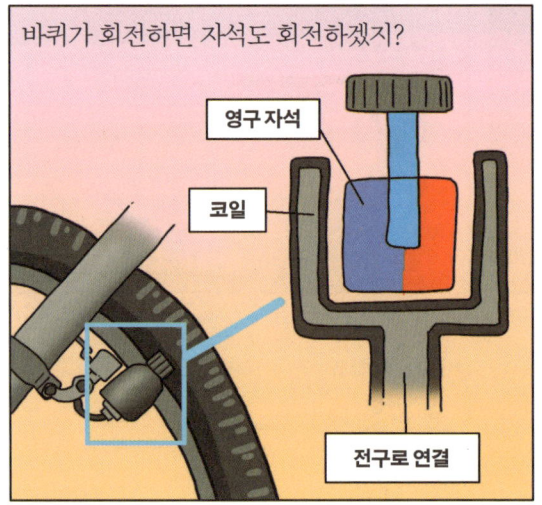

코일에 쇠막대를 넣으면 왜 강한 전자석이 될까?

코일에 직류 전류(전류의 크기와 방향이 변하지 않는 전류)를 흐르게 하면 코일 주위에는 자기장이 생기는데, 이를 '전자석'이라고 한다. 전자석은 전류가 흐를 때만 자석의 성질을 띠고, 전류가 흐르지 않을 때는 자석의 성질을 띠지 않는다. 이때 코일 속에 쇠막대를 넣어 주면 자기장의 세기는 훨씬 더 세진다. 이것은 쇠막대 안의 작은 자석이 같은 방향으로 정렬되면서 자기장을 만들어, 코일에 의해 생기는 자기장과 겹쳐지기 때문이다.

자석을 가까이 하면 철은 전체적으로 자석이 되는데, 자석을 멀리하면 다시 원래 상태로 되돌아가는 것도 있고 되돌아가기 힘든 것도 있다. 이것은 철 원자의 정렬 방식이나 불순물이 섞여 있는 정도에 따라 달라진다.

영구 자석에 사용하는 철은 원래의 상태로 되돌아가기 힘든 것을 사용한다. 그러나 전자석에는 원래의 상태로 되돌아가기 쉬운 철을 사용한다. 이러한 철을 '연철'이라고 한다.

철을 붉어질 때까지 한 번 가열한 다음 천천히 식힌 것이 연철이다. 전자석으로 연철을 사용하는 것은 전류를 끊었을 때 쉽게 자석의 성질이 사라지기 때문이다. 전자석은 초인종·전화기·자동문 등에 널리 활용되고 있으며, 강력한 전자석은 폐품 처리에 이용되기도 한다. 또한 최첨단 과학 연구, 로봇 또는 자동화 장치 등에 이르기까지 매우 광범위하게 이용되고 있다.

쇠막대가 만드는 자기장

쇠막대가 없을 때

쇠막대가 있을 때

전자석
원통 코일에 쇠막대를 넣으면 자기장의 세기가 훨씬 더 세진다. 쇠막대 안의 작은 자석이 같은 방향으로 정렬되면서 자기장을 만들어 코일에 의해 생기는 자기장과 겹쳐지기 때문이다.

 재미있는 과학 교실

못 팽이를 만들어 보자!

전류가 흐를 때 회전하는 장치를 '전동기'라고 합니다. 전동기가 회전하기 때문에 장난감 자동차가 움직이고 선풍기·냉장고·엘리베이터와 같은 전기 제품도 작동합니다. 못과 자석, 건전지를 이용해서 빠르게 회전하는 못 팽이 전동기를 만들어 봅시다.

| 무엇이 필요할까요? |

못(길이 6~7cm),
네오디뮴 자석(지름 1cm, 두께 0.5cm),
1.5V 건전지, 가는 전선(15cm),
테이프, 칼

 | 어떻게 만들까요? |

1. 못의 머리에 네오디뮴 자석을 붙입니다.

2. 칼을 이용하여 가는 전선의 양쪽 끝 피복을 0.5cm 정도 벗겨 냅니다.

3. 테이프로 전선의 한쪽 끝을 건전지의 (-)극에 붙입니다.

4. 건전지의 (-)극이 위쪽을 향하도록 든 다음, 자석을 붙인 못의 끝 부분을 건전지 (+)극의 튀어나온 부분에 붙입니다.

5. 도선의 끝을 자석 옆에 살짝 대면 못이 빠르게 회전하는 것을 볼 수 있습니다.

주의하세요!

1. 녹이 슨 못은 건전지에 잘 붙지 않습니다.
2. 못이 너무 길거나 무거운 경우에는 건전지에 잘 붙지 않고 떨어집니다. 가벼운 못으로 바꾸거나 더 센 네오디뮴 자석을 사용해야 합니다.
3. 못의 길이나 무게에 비해 자석이 너무 강하면 못이 건전지에 강하게 붙어 잘 회전하지 않습니다. 이럴 때는 못을 조금 더 큰 것으로 바꿉니다.
4. 못팽이가 잘 회전하지 않으면 자석과 도선이 서로 닿는 위치를 조금씩 바꾸어 못이 잘 도는 위치를 찾습니다.

 | 왜 그럴까요? |

이 실험에서 일어나는 현상을 설명하기 위해서는 세 가지 원리를 알아야 합니다. 하나씩 살펴볼까요?

우선 자석을 붙인 못이 건전지에 들러붙는 현상에 대해서 알아봅시다. 그림과 같이 자석을 붙인 못은 또 하나의 자석이 됩니다. 예를 들어, 못의 머리에 자석의 N극이 붙어 있으므로 못의 머리는 S극이 되고, 못의 끝은 N이 됩니다.

이와 같이 못이 하나의 자석이 되므로 건전지에 매달려 있는 것입니다. 자석에 클립을 계속 매달 수 있는 것도 같은 원리로 설명할 수 있습니다.

다음으로 전류가 흐르는 도선이 전자석이 되는 현상을 알아야 합니다. 에나멜선을 건전지로 연결하고 나침반을 가까이 가져가면 나침반의 바늘이 움직입니다. 또한 전류가 흐르는 도선 주위에 철가루를 뿌리면 막대자석을 두었을 때와 비슷한 모양으로 철가루가 늘어서는 것을 볼 수 있습니다. 이와 같이 도선에 전류가 흐르면 도선은 자석과 같은 성질을 띱니다. 이렇게 만든 자석을 '전자석'이라고 합니다. 우리가 사용한 네오디뮴 자석은 전자석이 아니라 '영구 자석'이라고 하지요.

마지막으로 전자석과 영구 자석 사이에 작용하는 힘에 대해서 알아야 합니다. 자석과 자석을 가까이 하면 서로 밀어내거나 끌어당긴다는 것을 알고 있을 것입니다. 자석의 같은 극(N극과 N극, 또는 S극과 S극)끼리는 서로 밀어내는 힘이 작용하고, 다른 극(N극과 S극)끼리는 서로 끌어당기는 힘이 작용합니다. 전자석과 자석 사이에도 이와 비슷한 일이 일어납니다. 즉, 전자석과 영구 자석 사이에도 서로 당기거나 밀어내는 힘이 작용하는데, 이를 '전자기력'이라고 합니다. 이와 같이 전자석과 영구 자석이 서로 당기거나 밀어내는 힘을 이용하여, 못팽이처럼 빙빙 돌 수 있게 만든 장치를 '전동기'라고 합니다.

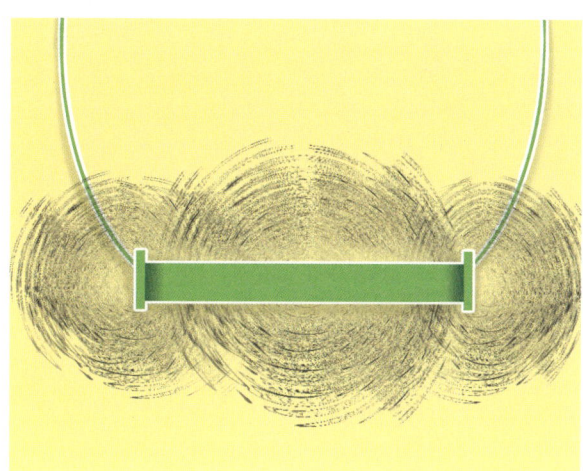

04 전자기파의 발견

라디오·텔레비전·휴대전화·전자레인지의 공통점은 무엇일까요? 이들은 모두 전자기파를 이용한다는 것입니다. 지금 이 순간에도 우리 주위에는 수많은 전자기파가 존재하지만 눈으로 볼 수는 없지요. 인류는 언제부터 전자기파의 존재를 알았을까요? 또한 어떻게 전자기파를 이용하게 되었을까요?

❶ 불꽃 방전과 전자기파

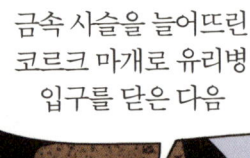

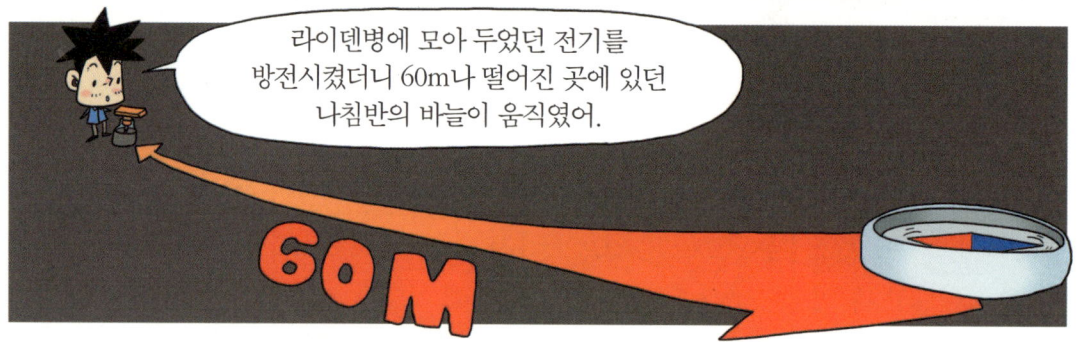

❷ 전자기파의 존재를 예언하고 발견하다

이후 과학자들은 마찰 전기·동물 전기·번개·전자기 유도 등에 의한 전기를 발견했지.

각 전기가 생성되는 원인은 다 다르더라도 그 본성은 하나일 거야.

패러데이

영국의 물리학자 맥스웰은 전자기파는 전기장과 자기장이 한 쌍이 되어 공중으로 전달되는 것이며

맥스웰

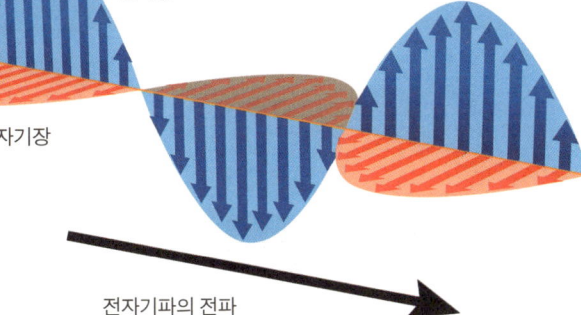

전기장

자기장

전자기파의 전파

빛도 전자기파의 일종이라는 것을 수식으로 증명했지.

전자기파의 존재를 실험으로 확인한 사람은 독일의 헤르츠야.

헤르츠

음...

이 현상에 주목한 헤르츠는 불꽃 방전 장치의 형태를 변화시키면서 실험을 거듭하다가 마침내 맥스웰이 예측한 전자기파를 찾아냈어.

맥스웰의 생각이 맞았어! 난 그걸 찾아냈다고!

04 전자기파의 발견

❸ 전자기파의 발생과 이용

❹ 무선 통신의 시대를 연 마르코니

 과학 톡톡

전자기파

전자기파는 전하가 진동할 때 발생하여, 전기장과 자기장이 상호 작용하면서 파동의 형태로 공간을 퍼져 나간다. 전자기파가 공간을 퍼져 나가는 속력은 1초에 30만 km로 빛의 속력과 같다.

1. 전자기파의 발생과 전파

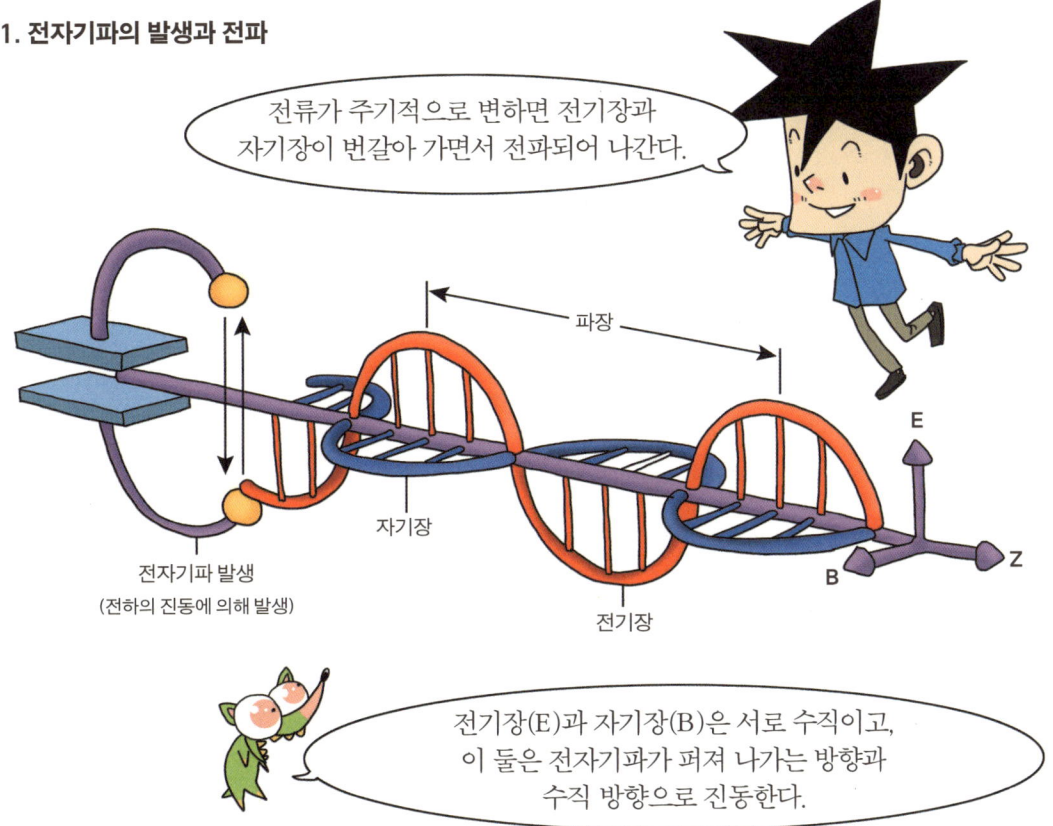

2. 전자기파의 종류

전자기파는 파장이 짧은 것부터 차례로 감마선·엑스선·자외선·가시광선·적외선·마이크로파·전파 등으로 나뉜다. 이 중에서 우리 눈으로 인식할 수 있는 전자기파가 바로 가시광선이다.

| 감마선 | X선 | 자외선 | 가시광선 | 적외선 | 마이크로파 | 전파 |

파장이 길다.

3 | 빛

01 빛의 성질 | 02 빛의 색과 에너지
03 빛을 인식하는 눈 | 04 물질이 내는 빛

01 빛의 성질

잔잔한 연못에는 주변 경치가 물에 거꾸로 비치고, 컵 속에 넣은 빨대는 구부러진 것처럼 꺾여 보입니다. 또 깜깜한 방에 들어가면 아무것도 보이지 않지만 전등을 켜면 방 안의 물체를 볼 수 있지요. 이런 현상은 빛의 어떤 성질 때문에 나타나는 것일까요? 왜 모든 물체는 빛이 있어야만 볼 수 있는 걸까요?

❶ 빛이 있어야 물체를 볼 수 있다

빛이 없는 세상을 상상할 수 있을까?

빛이 없다면 우리는 아무것도 볼 수 없어요.

깜깜한 곳에서는 아무리 눈을 크게 떠도 소용없죠.

앗! 다시 불이 들어왔다!

태양이나 전등처럼 스스로 빛을 내는 물체를 '광원'이라고 해요.

光　源
빛 광　근원 원

우리는 광원을 볼 수 있으며 광원 아래에서는 스스로 빛을 내지 않는 물체도 볼 수 있지요.

앗! 저기도 광원이!

❷ 빛은 직진한다

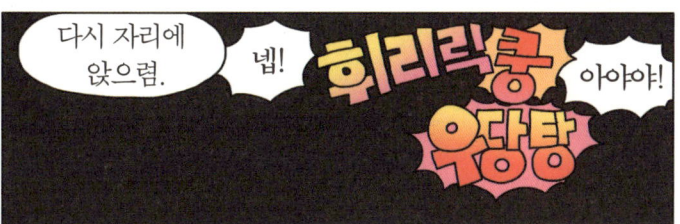

그림자
그림자의 중심부는 어둡고 주변부는 조금 더 밝다. 완전한 그림자를 '완전 그늘'이라 하고 부분적인 그림자를 '부분 그늘'이라고 한다. 부분 그늘은 그림자 지역에 도달하려는 빛의 일부가 차단되고 나머지 빛이 통과할 때 생긴다.

❸ 빛은 반사된다

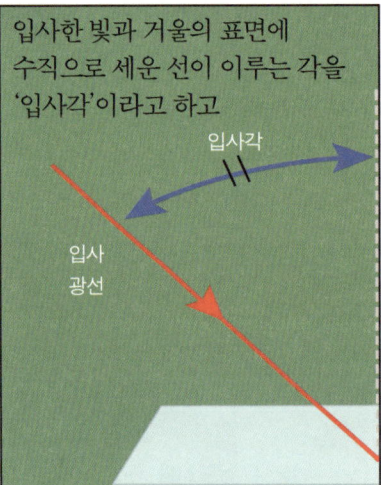
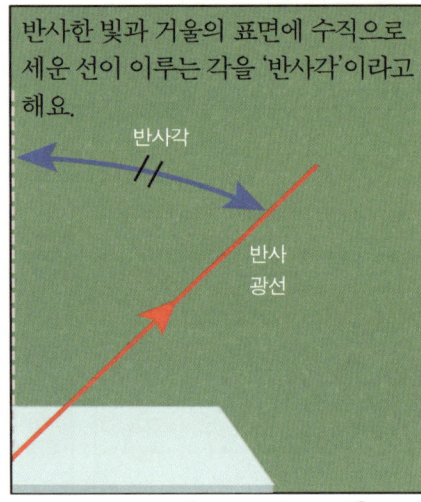
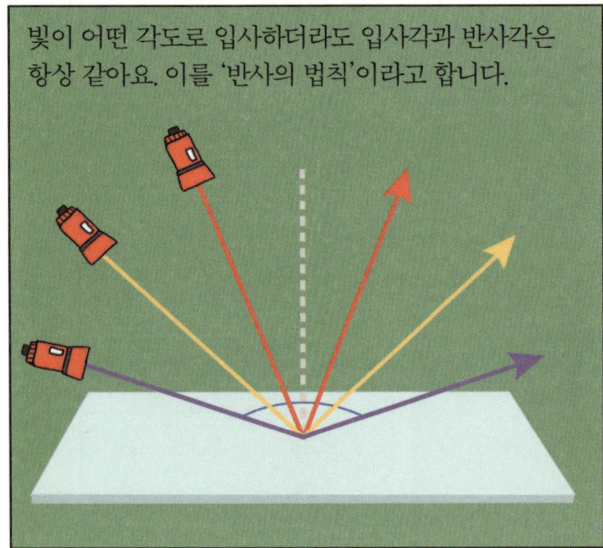

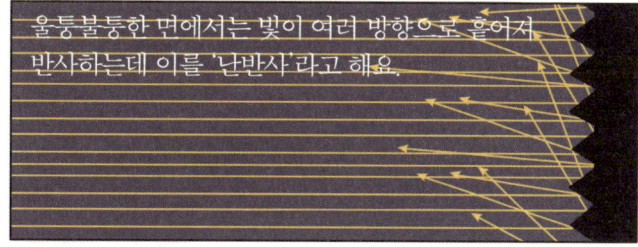

정반사와 난반사
호수의 표면은 매끄러워 빛이 정반사하므로 경치가 비쳐 보이고, 바람이 불어 물결이 일거나 얼어서 울퉁불퉁하면 빛이 난반사하므로 경치가 잘 비치지 않는다.

❹ 빛은 굴절한다

(a) 물을 붓지 않았을 때

물을 부었을 때 컵 속의 동전이 보이는 원리
광원에서 나온 빛이 동전 표면에서 반사되어 우리 눈에 들어올 때 동전을 볼 수 있다. 이때 동전에서 반사되어 수면을 향하는 광선의 경로를 그려 보면 우리 눈에 보이는 동전의 위치를 알 수 있다. 그림 (b)에서 동전의 오른쪽과 왼쪽의 끝에서 반사된 광선은 수면에서 꺾인다. 그러나 우리의 눈은 빛이 굴절되는 과정을 인식하지 못하므로 빛의 연장선상에 물체가 있는 것처럼 느끼는 것이다.

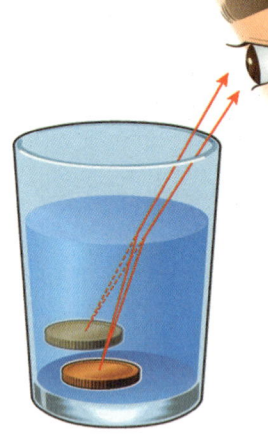
(b) 물을 부었을 때

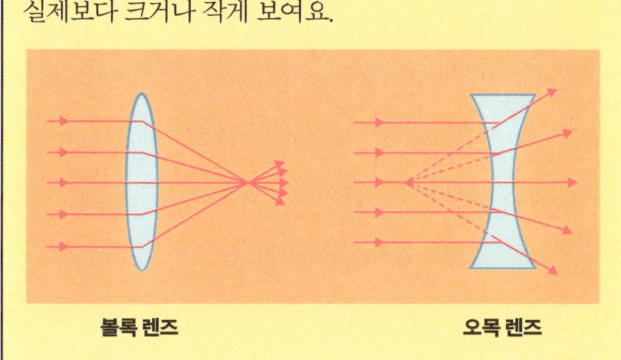

 교과서 밖 과학

빛의 반사와 굴절

거울은 표면이 매끈하여 빛을 잘 반사하는 물체로, 보통 유리의 뒷면을 금속 물질로 코팅하여 만든다. 빛이 거울에서 반사될 때 입사각과 반사각의 크기는 언제나 같다. 한편, 빛이 공기 중에서 물로 들어가는 경우와 같이 한 매질에서 다른 매질로 진행할 때 경계면에서 진행 방향이 꺾이는데, 이러한 현상을 '빛의 굴절'이라고 한다.

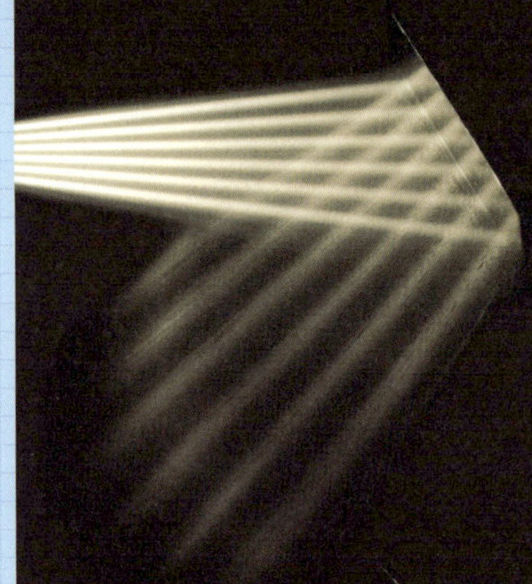

A : 평면 거울에서 반사되는 빛
평면 거울에서 물체까지의 거리와 거울에서 상까지의 거리는 같고, 상의 크기는 물체의 크기와 같다.

B : 오목 거울에서 반사되는 빛
오목 거울은 빛을 모으는 성질이 있으므로 올림픽에서 성화를 채화할 때 사용된다.

C : 볼록 거울에서 반사되는 빛
볼록 거울을 통해 넓은 지역을 볼 수 있으므로 모퉁이 길이나 상점 등에서 감시용 거울로 사용된다.

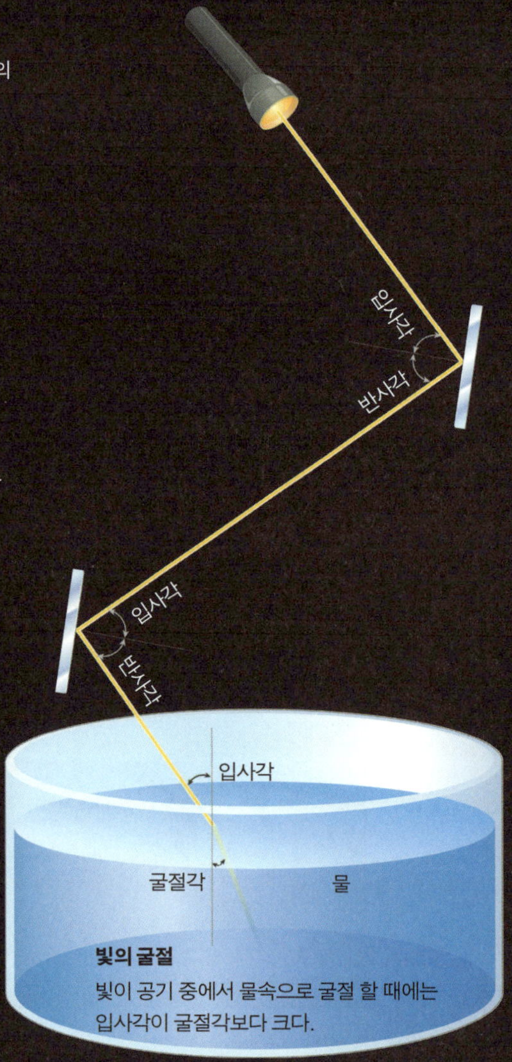

빛의 굴절
빛이 공기 중에서 물속으로 굴절 할 때에는 입사각이 굴절각보다 크다.

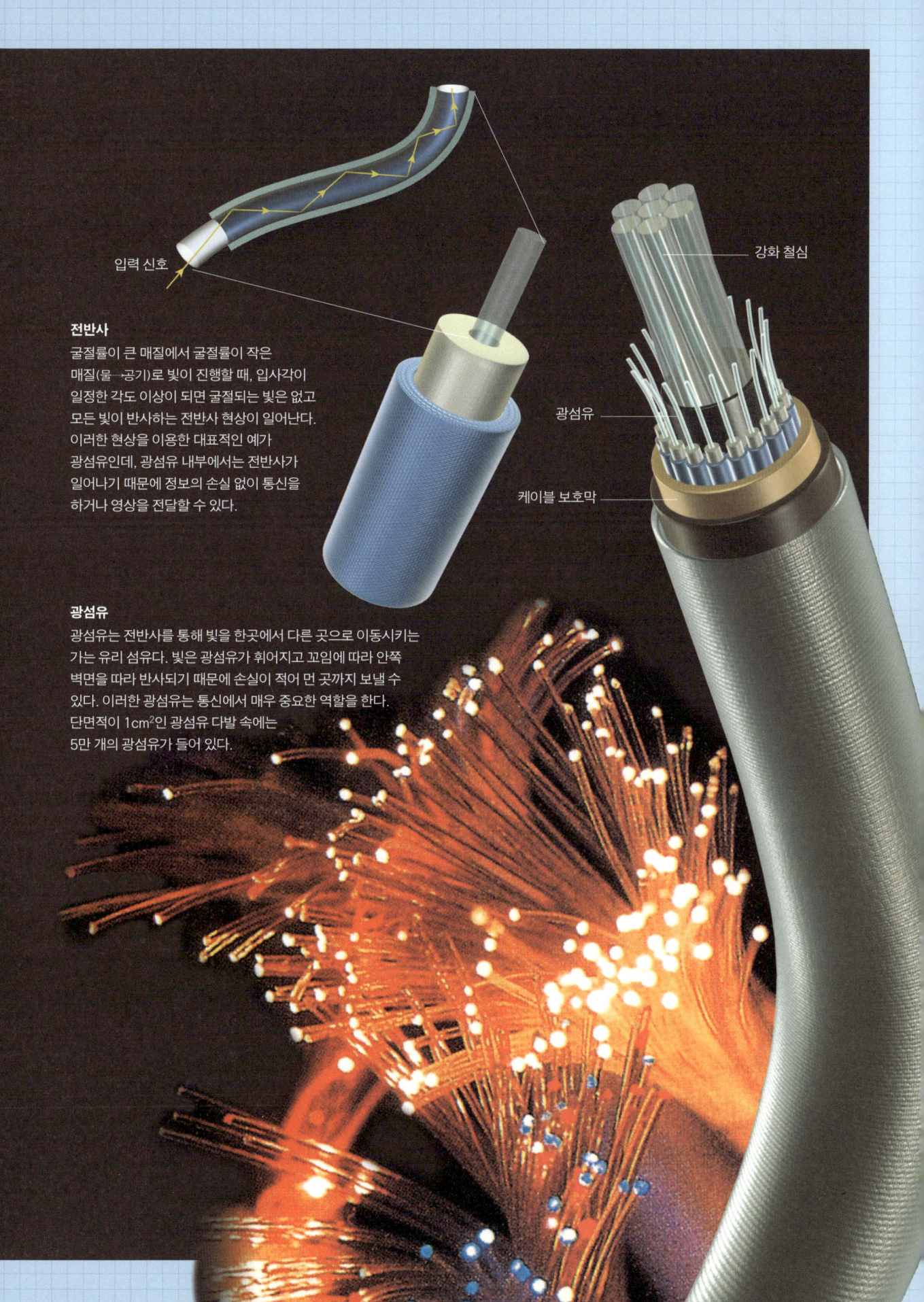

전반사
굴절률이 큰 매질에서 굴절률이 작은 매질(물→공기)로 빛이 진행할 때, 입사각이 일정한 각도 이상이 되면 굴절되는 빛은 없고 모든 빛이 반사하는 전반사 현상이 일어난다. 이러한 현상을 이용한 대표적인 예가 광섬유인데, 광섬유 내부에서는 전반사가 일어나기 때문에 정보의 손실 없이 통신을 하거나 영상을 전달할 수 있다.

광섬유
광섬유는 전반사를 통해 빛을 한곳에서 다른 곳으로 이동시키는 가는 유리 섬유다. 빛은 광섬유가 휘어지고 꼬임에 따라 안쪽 벽면을 따라 반사되기 때문에 손실이 적어 먼 곳까지 보낼 수 있다. 이러한 광섬유는 통신에서 매우 중요한 역할을 한다. 단면적이 1cm^{2}인 광섬유 다발 속에는 5만 개의 광섬유가 들어 있다.

입력 신호

강화 철심

광섬유

케이블 보호막

02 빛의 색과 에너지

여름날, 소나기가 그치고 햇빛이 나면 무지개가 생기곤 합니다. 또한 해를 등지고 서서 분무기로 물을 뿌리거나, 분수대가 물을 뿜어낼 때도 무지개를 볼 수 있지요. 색깔이 없는 것처럼 보이는 태양빛에서 어떻게 여러 가지 색이 나타나는 것일까요?

무지개 정말 오랜만에 보는구나.

❶ 눈으로 볼 수 있는 빛, 가시광선

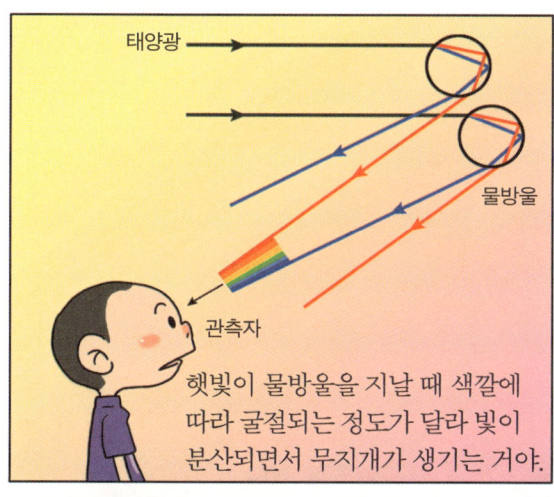

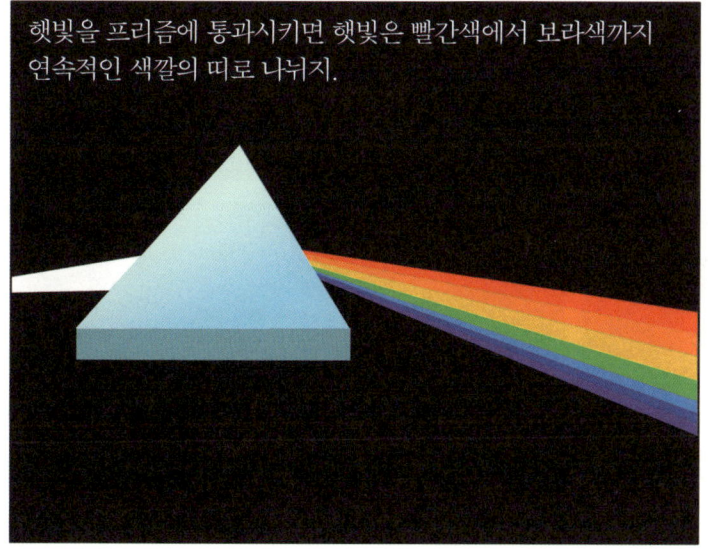

"빛의 삼원색을 알고 있니?"

"빨강(Red), 초록(Green), 파랑(Blue)이죠! 색의 삼원색은 청록색(Cyan), 자홍색(Magenta), 노란색(Yellow)이고요."

"이 세 가지 색을 합치면 어떤 색이든 만들 수 있지. 그런데 빛은 합칠수록 밝게 보여."

가산혼합(加算混合)

"반면 물감은 합칠수록 어두워지지."

감산혼합(減算混合)

"태양이나 환등기의 빛처럼 색깔을 띠지 않는 빛을 '백색광'이라고 해."

"원래 아무 색이 없는 것이 아니라, 빛이 합쳐져 그렇게 보이는 거야."

❷ 적외선과 자외선

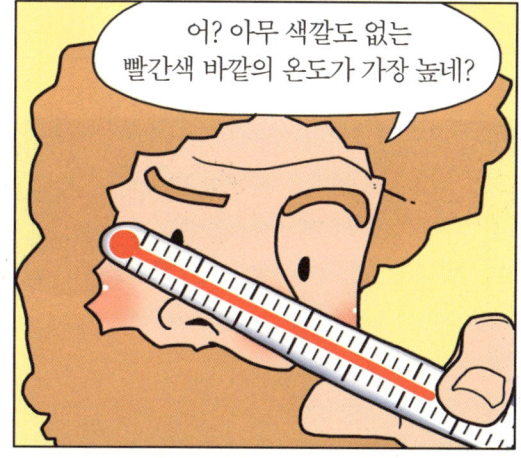

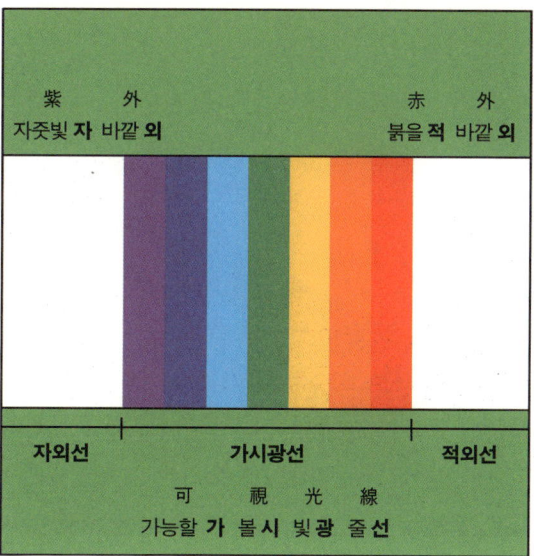

빨강(赤) 바깥(外)에 있는 광선이라는 뜻에서 '적외선'이라고 해.

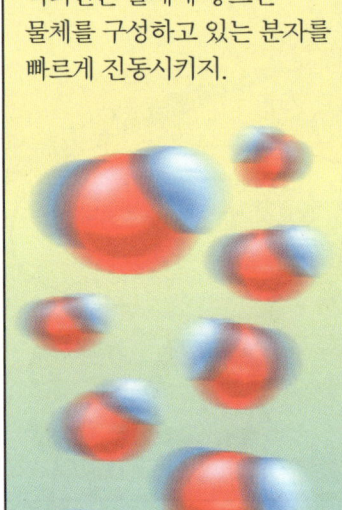
적외선은 물체에 닿으면 물체를 구성하고 있는 분자를 빠르게 진동시키지.

이러한 진동에 의해 물체의 온도가 상승하는 거야.

휴~ 덥다.

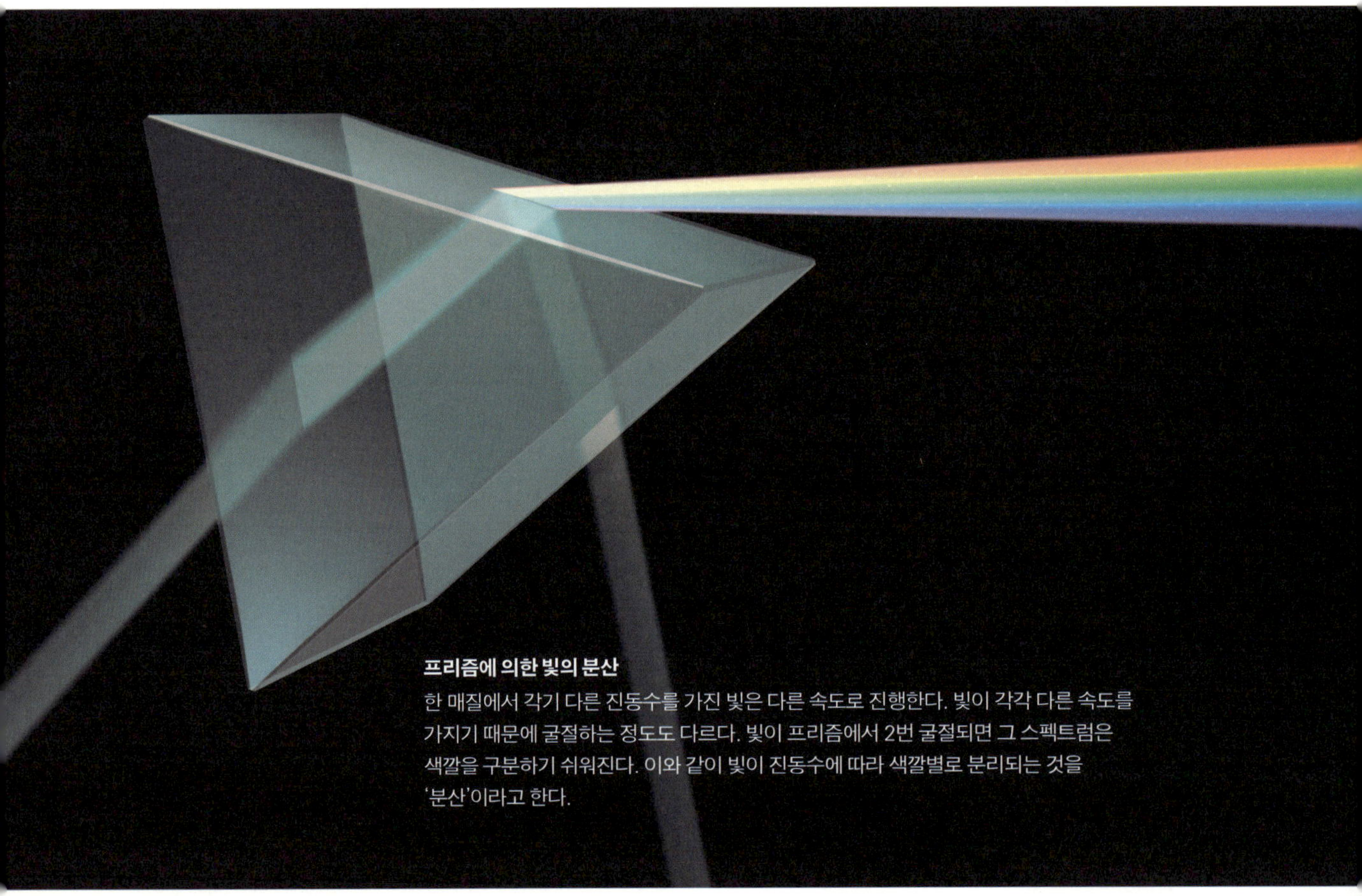

프리즘에 의한 빛의 분산
한 매질에서 각기 다른 진동수를 가진 빛은 다른 속도로 진행한다. 빛이 각각 다른 속도를 가지기 때문에 굴절하는 정도도 다르다. 빛이 프리즘에서 2번 굴절되면 그 스펙트럼은 색깔을 구분하기 쉬워진다. 이와 같이 빛이 진동수에 따라 색깔별로 분리되는 것을 '분산'이라고 한다.

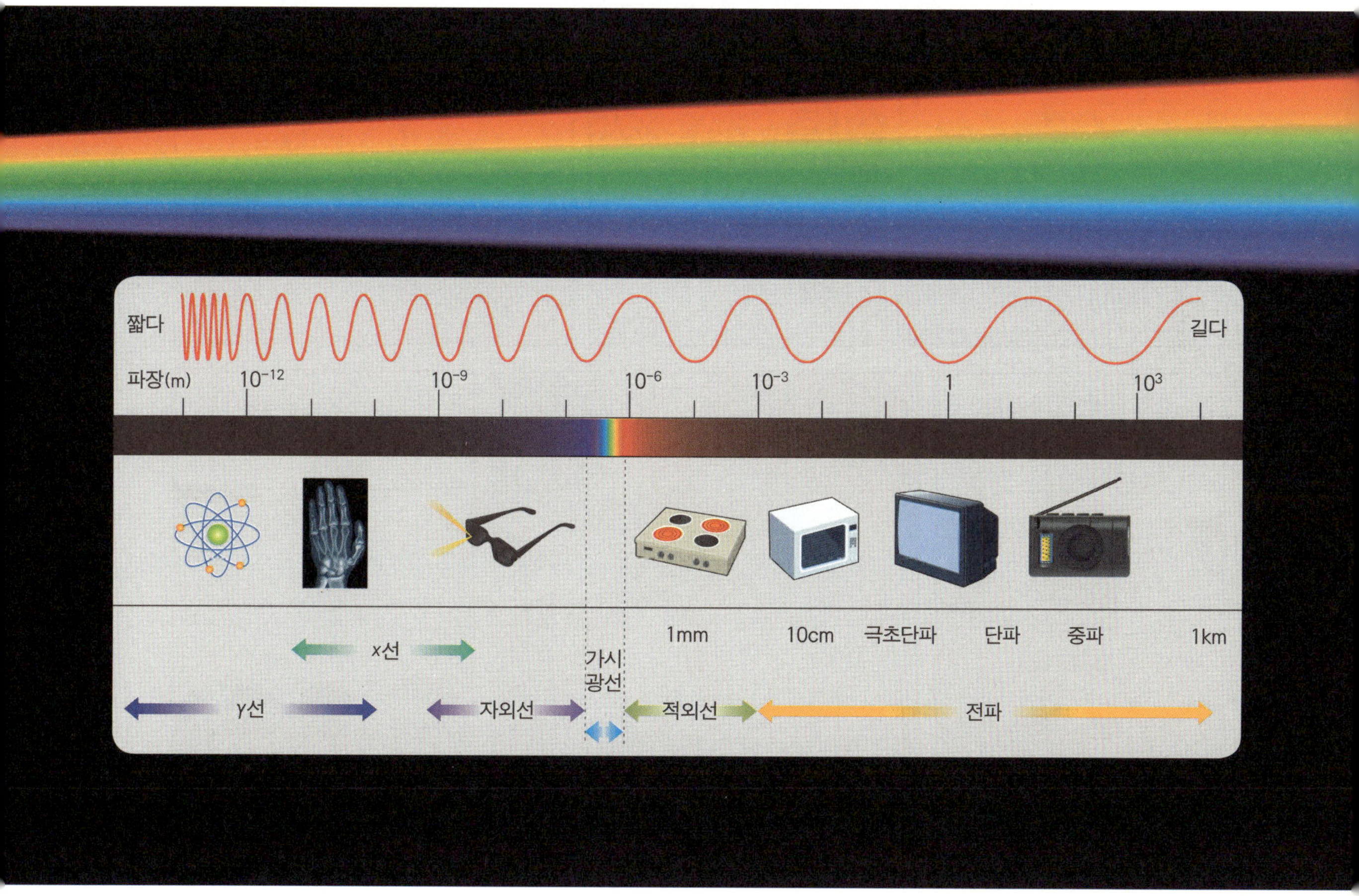

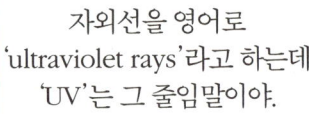

과학 톡톡

빛 분류하기

태양이나 전등에서 나오는 빛은 고유한 파장을 가지고 있는데, 이 파장의 길이에 따라 우리 눈에 보이기도 하고 보이지 않기도 한다. 빛을 분류하는 기준은 파장이다. 빛은 파장이 짧은 것부터 차례로 감마선·엑스선·자외선·가시광선·적외선·마이크로파·전파 등으로 나뉜다. 이 중에서 우리 눈으로 볼 수 있는 빛의 영역이 가시광선이다.

가시광선 사람의 눈으로 볼 수 있는 빛으로 보라색 쪽으로 갈수록 파장이 짧고, 빨간색 쪽으로 갈수록 파장이 길다.

적외선 자동문, 경보 장치 등과 같이 자동으로 작동하는 여러 가지 센서에 많이 이용되며, 텔레비전 리모컨에도 적외선을 발생시키는 장치가 달려 있다.

자외선 강한 살균력을 지니고 있기 때문에 식당에서 대장균·이질균 같은 균 종류를 살균하는 데 사용한다. 곤충의 눈은 자외선을 인식하기 때문에 우리와 다른 색깔을 보기도 한다.

엑스선 사람의 몸을 뚫고 지나갈 수 있을 정도로 에너지가 세다. 병원에서 뼈 사진을 찍을 때 사용한다.

감마선 감마선은 투과력이 매우 강하고 많은 에너지를 가지고 있다. 감마선에 노출되면 인체 기관이 심각한 영향을 받는다.

전파 라디오와 텔레비전 방송, 무선 통신에 사용된다.

재미있는 과학 교실

흑백 무늬에서 색깔이 보인다고?

다음 그림의 사과 안에 있는 검은 점을 1분 동안 뚫어지게 바라본 다음 흰 종이를 쳐다봅시다. 흰 종이에서 무엇이 보이나요? 잘 익은 붉은 사과가 아니라 설익은 녹색 사과가 보인다는 것을 알 수 있지요. 이는 너무 오랫동안 한 가지 색을 볼 때 그 색깔을 감지하는 눈의 세포가 피로해져서 잠깐 제 기능을 발휘하지 못하기 때문에 생기는 착시 현상이랍니다. 이런 착시 현상을 이용하여 흑백 무늬에서 색깔이 나타나는 팽이를 만들어 봅시다.

| 무엇이 필요할까요? |

사용하지 않는 CD, 니퍼, 50원 동전, 가위, 풀, 팽이 무늬

| 어떻게 만들까요? |

1. 50원 동전을 니퍼로 집고 가스레인지의 불꽃에 달굽니다. 동전이 뜨거워지므로 절대 손을 대지 않도록 하고, 꼭 어른과 함께하세요.

2. 니퍼로 동전을 집은 채로 동전을 CD의 구멍 가운데에 세로로 끼웁니다. 뜨거운 동전이 CD의 플라스틱을 녹이면서 끼워지게 됩니다. 이때 동전이 기울어지지 않고 똑바로 서도록 합니다.

3. 동전을 끼운 CD를 돌려 봅시다. 팽이처럼 잘 돌아가면 성공입니다.

4. 다음 그림의 무늬를 큰 원의 둘레를
   따라 가위로 오려 냅니다.
   그림을 복사해서 사용하세요.

5. 무늬의 가운데에 동전이 들어가도록
   가위로 잘라 가늘고 긴 구멍을 냅니다.

6. 잘라 낸 무늬를 풀로 팽이 위에 붙입니다.
   이렇게 하면 색깔이 나오는 팽이가
   완성됩니다.

7. 동전을 잡고 팽이를 돌려 봅시다.
   흑백 무늬에서 여러 가지 색깔이 나타나는
   것을 볼 수 있습니다. 팽이를 반대 방향으로
   돌려 봅시다. 이번에는 색깔의 순서가
   바뀌는 것을 볼 수 있습니다.

 주의하세요!

1. 가스레인지로 동전을 달굴 때는 꼭 어른의 도움을 받으세요.
   동전이 뜨거우므로 절대 손으로 만져서는 안 됩니다. 뜨거운 동전이 식는 데는 10분
   정도 걸립니다.
2. 팽이를 빠르게 돌리면 색깔이 잘 보이지 않습니다. 1초에 3~5회 정도 회전할 정도로
   팽이를 돌리세요. 팽이가 느리게 잘 돌아가기 위해선 동전이 CD의 중앙에 잘 끼워져
   균형이 맞아야 합니다.
3. 햇빛이나 인버터 형광등 아래에서는 색깔이 잘 나타나지 않습니다.

| 왜 그럴까요? |

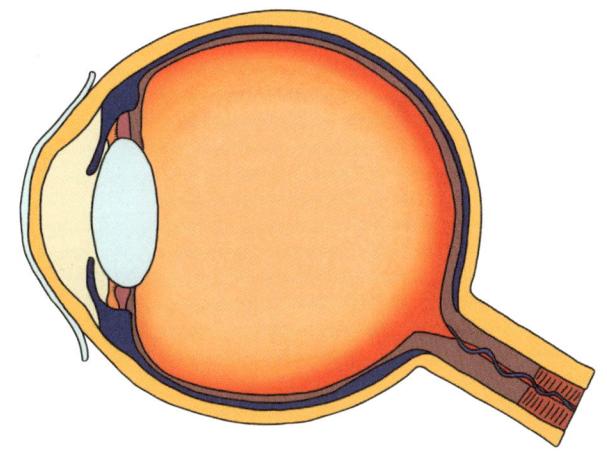

사람의 눈은 지름 2.5cm 정도의 크기로 앞쪽이 볼록 튀어나온 공처럼 생겼습니다. 눈의 앞쪽에는 투명한 각막이 있는데, 빛은 이 각막을 통과하여 그 안쪽에 있는 렌즈 모양의 수정체(렌즈)에 의해 굴절되어 망막에 상을 맺습니다.

망막에는 빛의 자극을 받아들이는 시세포가 있는데, 여기에는 원뿔 모양의 원추세포와 막대 모양의 간상세포가 있습니다. 원추세포는 망막의 가운데 부분에 많이 분포하고 있으며, 밝을 때 물체의 색깔과 형태를 식별하는 기능을 합니다. 간상세포는 어두운 곳에서 약한 빛을 감지하지만 색깔을 구분하지는 못합니다. 그래서 밤에는 사물의 색깔을 구분하지 못하고 흑백으로 보입니다.

색깔을 구분하는 원추세포에는 세 종류가 있으며, 이들은 각각 빨간색, 초록색, 파란색 파장의 빛에 반응합니다. 예를 들어 빨간 사과를 보면 사과에서 반사된 빨간색 파장의 빛이 눈으로 들어와 빨간색을 감지하는 원추세포를 자극하기 때문에 빨간색으로 보입니다. 노란색 바나나의 경우는 어떨까요? 노란색 바나나에서는 빨간색과 초록색 파장의 빛이 동시에 반사되어 눈으로 들어옵니다. 따라서 빨간색과 초록색을 감지하는 원추세포가 동시에 자극되어 두 색깔이 합성된 노란색으로 인식합니다.

그러면 흑백 무늬의 팽이를 돌릴 때 여러 가지 색깔이 나타나는 이유는 무엇일까요?

하나는 회전하는 팽이에서 나온 빛이 망막의 여러 부분을 번갈아 가면서 자극하기 때문이라는 설명입니다. 즉 팽이의 검고 흰 영역이 망막의 서로 다른 부분을 번갈아 가면서 자극합니다. 이 자극이 시신경 계통에 어떤 작용을 일으켜 색깔을 만들어 낸다고 설명하는 것입니다.

다른 하나는 세 종류의 원추세포가 반응하고 활성화되어 있는 시간이 다르다고 하는 이론입니다. 팽이를 돌리면 흰색은 세 원추세포를 모두 활성화시키고 검은색은 활성화시키지 않습니다. 이때 원추세포가 반응하고 활성화되어 있는 시간이 다르기 때문에 팽이가 회전하면서 만들어 내는 연속적인 활성, 비활성 상태에 의해 원추세포의 반응에 불균형이 일어납니다. 이 불균형이 뇌로 전달되어 그 결과 색깔을 만들어 낸다고 보는 것입니다.

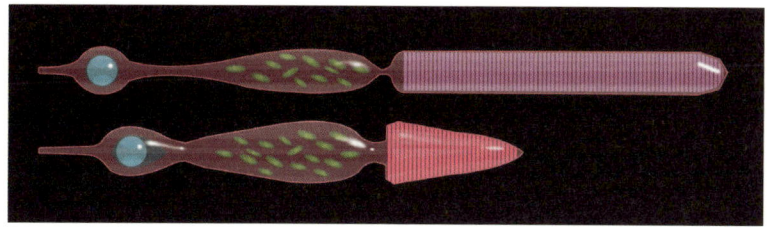

03 빛을 인식하는 눈

밤하늘을 아름답게 수놓은 별, 온 산을 붉게 물들이는 단풍, 저마다 화려하고 독특한 색깔을 지닌 꽃과 새….
이처럼 자연은 온갖 화려한 색으로 아름다움을 연출합니다.
사람의 눈은 어떻게 색깔을 구분할 수 있을까요?

그래, 무서운 꿈을 꿨구나.

색이 모두 없어지면… 그렇게 되면….

사람들이 제 미모를 못 알아볼 것 아녜요?

뭐야? 그 반응은?

세상에 검은색·흰색·회색만 존재한다면 얼마나 썰렁할까?

그만 하세요!

자연은 흥미롭지도 아름답지도 않을 거야!

온갖 화려한 색으로 아름다움을 연출하는 자연은 우리에게 기쁨을 주지.

❶ 생존하기 위해 물체를 본다

❷ 우리 몸의 사진기, 눈

| 사람의 눈 |

사람의 눈은 지름 약 2.5cm의 크기로 앞쪽이 볼록 튀어나온 공처럼 생겼으며 탄력이 있다. 눈의 가장 바깥 부분은 흰색의 공막이 싸고 있으며 그 안쪽에 검은색의 맥락막이 있어 눈동자를 통해서만 빛이 들어가도록 되어 있다. 눈의 앞쪽은 투명한 각막으로 되어 있는데, 빛은 이 각막을 통과한 뒤 그 안쪽에 있는 렌즈 모양의 수정체에 의해 굴절되어 초점이 맞추어져 망막에 상을 맺는다. 망막은 맥락막의 안쪽에 있으며 많은 시세포로 구성되어 있다. 이곳은 카메라의 필름과 같이 상이 맺히는 곳이다. 이때 망막에 맺힌 상은 거꾸로 된 모양이지만 우리의 뇌는 그것을 제대로 된 것으로 인식한다.

눈의 구조와 시각의 성립
각막은 곡면으로 되어 있기에 한 점에서 들어오는 빛은 각각 다른 각도로 비쳐져 굴절된다. 굴절된 빛은 망막에 좌우가 바뀌고 상하가 역전된 상을 맺고 시세포를 자극하면 그 신호가 시신경을 통해 대뇌로 전달되어 물체를 인식하게 된다.

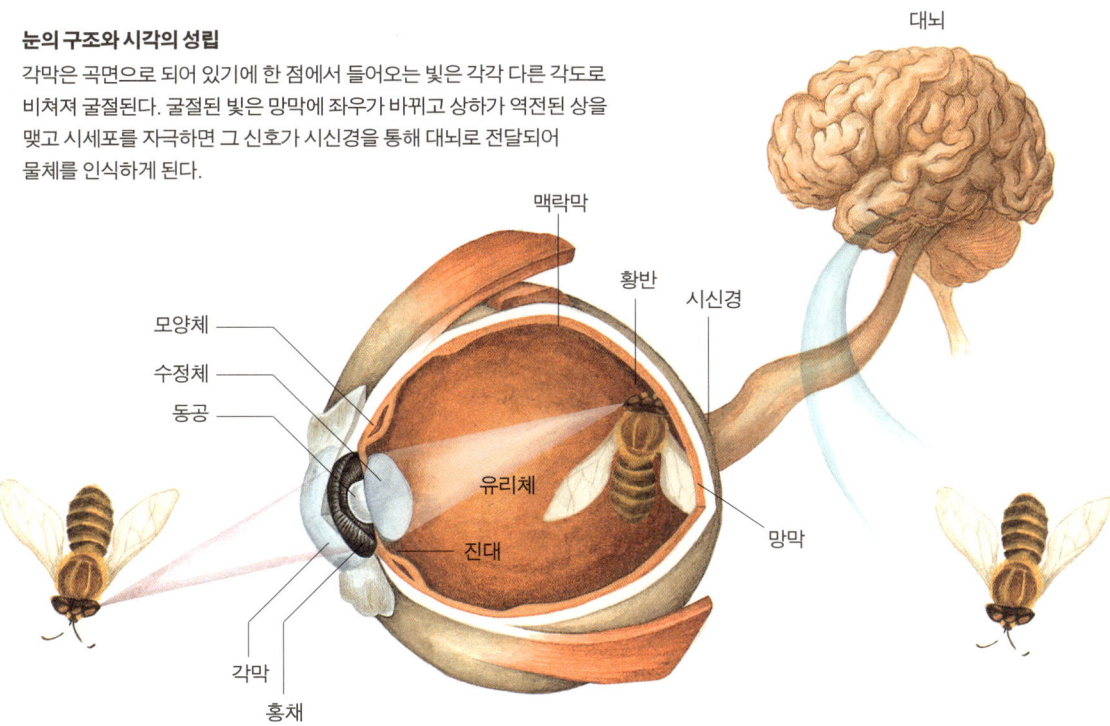

❸ 눈에 시세포가 있어야만 하는 이유

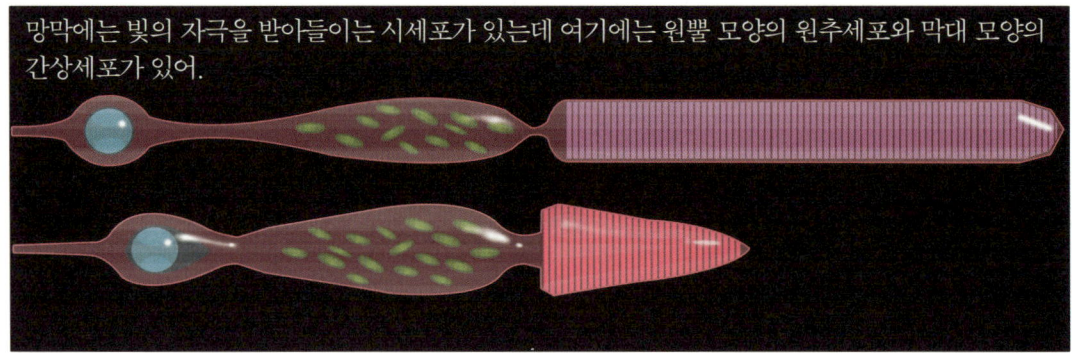

망막에는 빛의 자극을 받아들이는 시세포가 있는데 여기에는 원뿔 모양의 원추세포와 막대 모양의 간상세포가 있어.

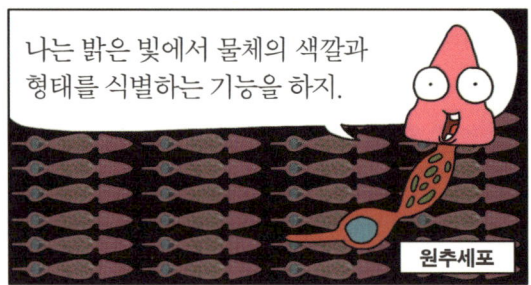

나는 밝은 빛에서 물체의 색깔과 형태를 식별하는 기능을 하지.

원추세포

나는 어두운 곳에서 약한 빛을 감지하지만 색깔은 구분하지 못해.

간상세포

그래서 밤에는 물체의 색깔을 제대로 구분하지 못하고 흑백처럼 보이는 거야.

간상세포에는 바이타민 A에서 생긴 '로돕신'이라는 물질이 있어 빛을 감지할 수 있어.

로돕신은 빛을 받으면 옵신과 레티날로 분해되어 시신경을 자극하고, 이 자극이 대뇌에 전달되어 물체를 인식하는 거야.

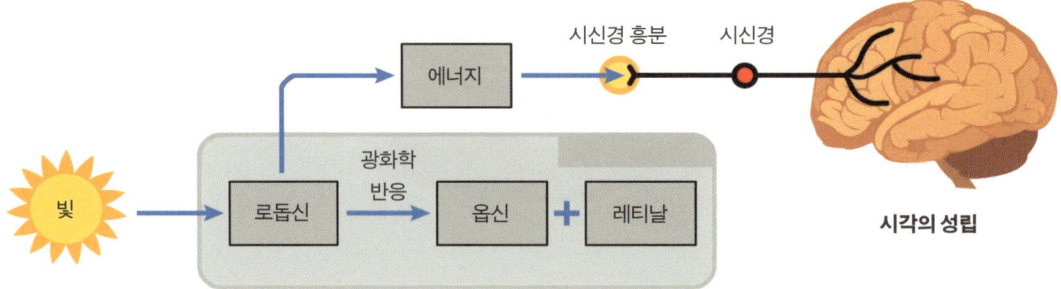

시각의 성립

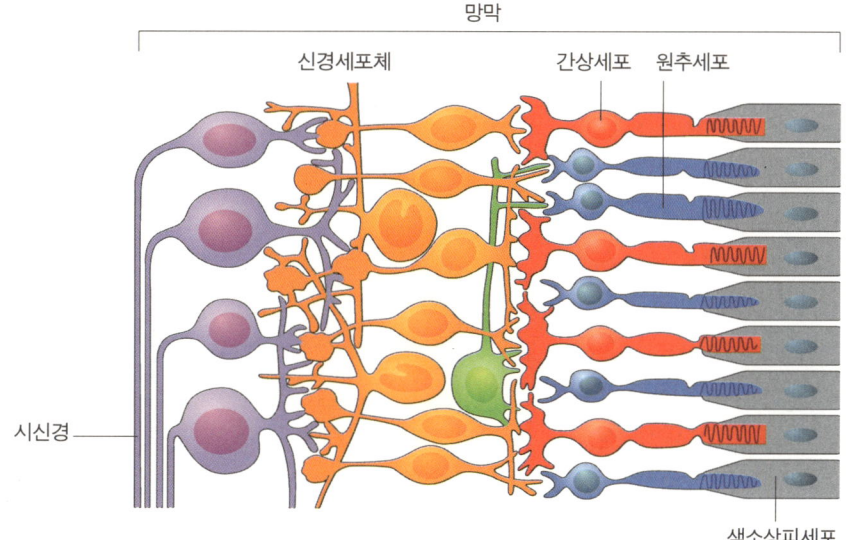

망막의 구조
망막을 구성하는 시세포는 명암을 구분하는 간상세포와 색깔을 구분하는 원추세포로 이루어져 있다. 간상세포는 약한 빛을 감지하고, 원추세포는 강한 빛을 감지한다. 원추세포는 빨강·초록·파랑을 구분하는 3종류로 이루어져 있다. 간상세포와 원추세포가 빛에 의해 자극을 받으면 그 앞에 있는 신경세포로 흥분이 전달되고, 그 흥분은 대뇌로 전달되어 물체의 색깔과 명암을 구분한다.

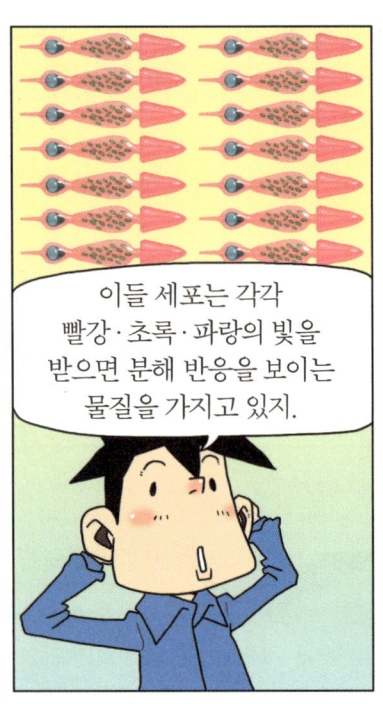

색맹 검사
정상인 사람은 숫자 74로 인식하지만 색맹인 사람은 아래 두 번째 그림처럼 보인다.

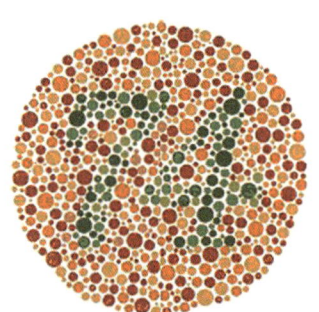
정상인이 본 색맹 검사표

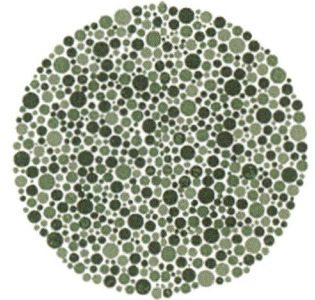
적록 색맹인 사람이 본 색맹 검사표

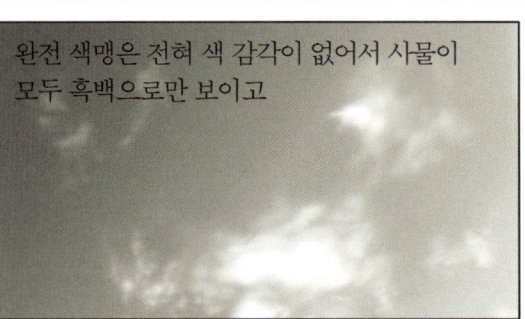

❹ 눈의 조절 작용

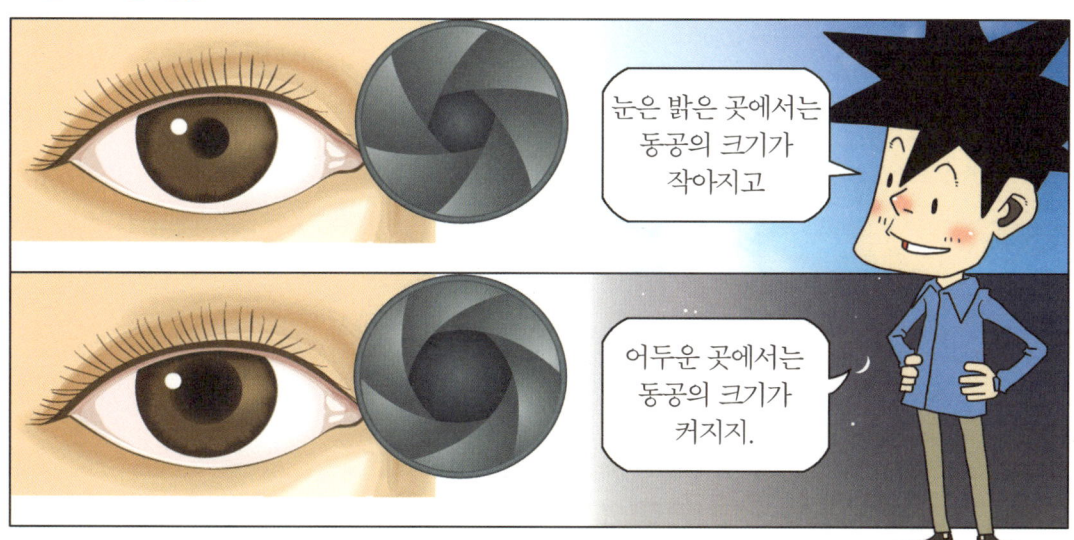

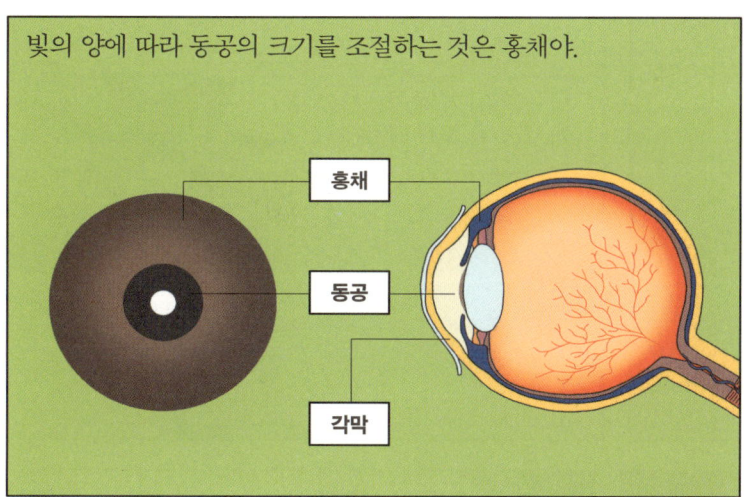

 과학 톡톡

눈

눈은 빛의 자극에 반응하는 시각 기관이다. 빛이 동공을 통해 들어오면 각막과 수정체에 의해 초점이 맞추어져 망막에 상이 맺힌다. 상이 망막에 잘 맺힐 수 있도록 수정체의 모양은 모양체 근육에 의해 바뀔 수 있다.

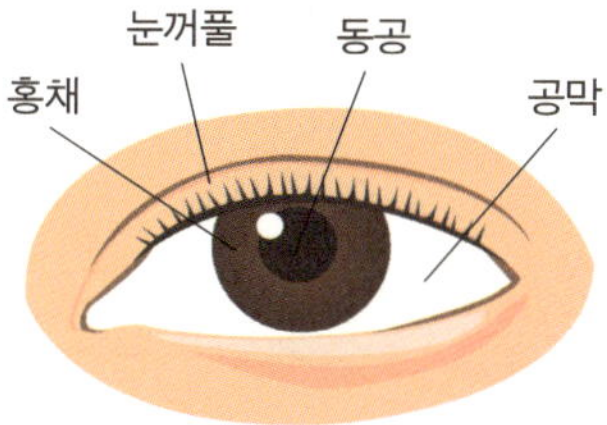

홍채의 조절 작용

눈은 안으로 들어오는 빛의 양을 조절할 필요가 있다. 밝은 곳에서는 빛의 양을 줄여 망막이 손상되지 않도록 하고, 어두운 곳에서는 많은 빛이 들어와 망막에 선명한 상이 맺히도록 한다.

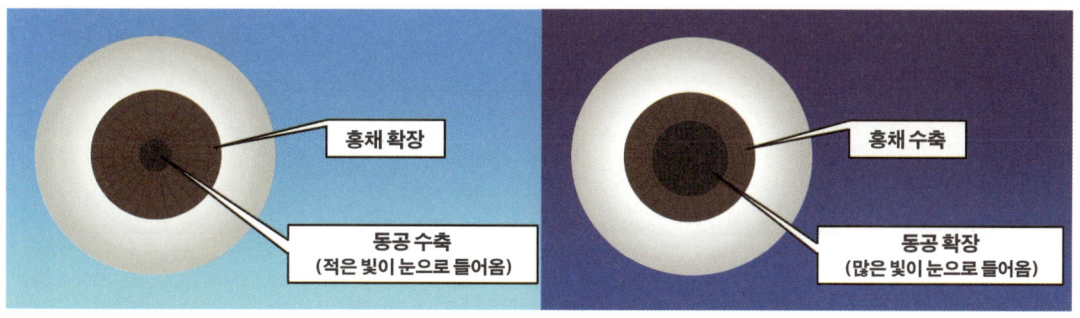

04 물질이 내는 빛

4년마다 열리는 올림픽 경기의 개막식과 폐막식은 보는 이들의 마음에 감동을 불러일으킵니다. 개최 도시의 특징을 담고 있는 이 행사에서 빠지지 않고 등장하는 것이 바로 불꽃놀이입니다. 축제의 시작과 끝을 알리는 밤하늘의 화려한 불꽃은 어떤 원리를 이용한 것일까요?

❶ 물질의 온도와 빛

인간은 아주 오래전부터 물질이 연소될 때 나오는 빛으로 어두운 곳을 밝혔지.

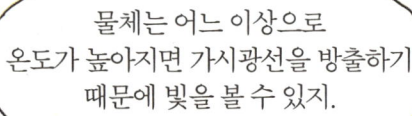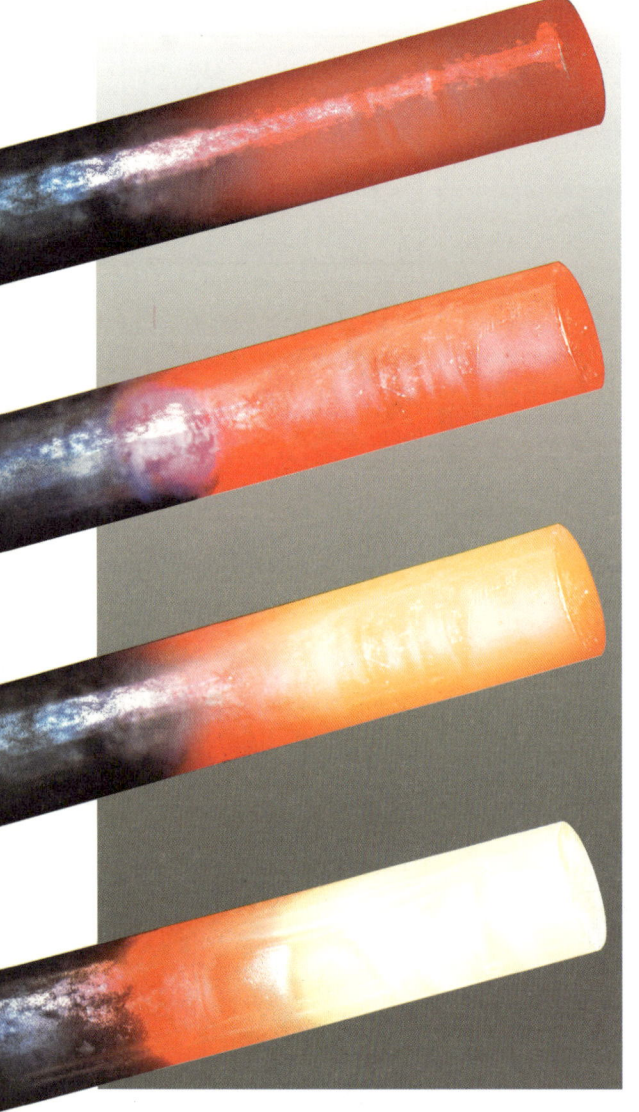

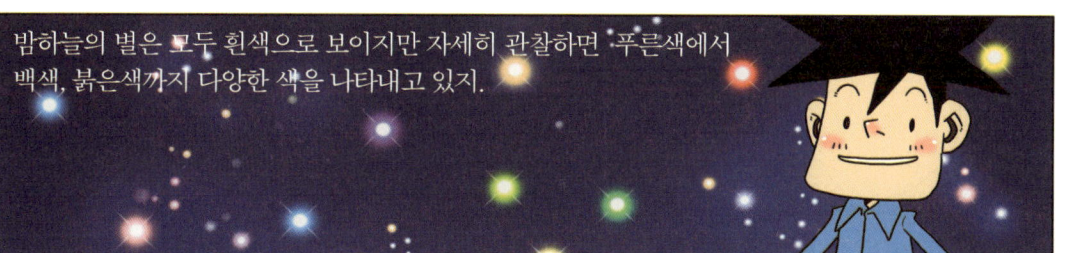

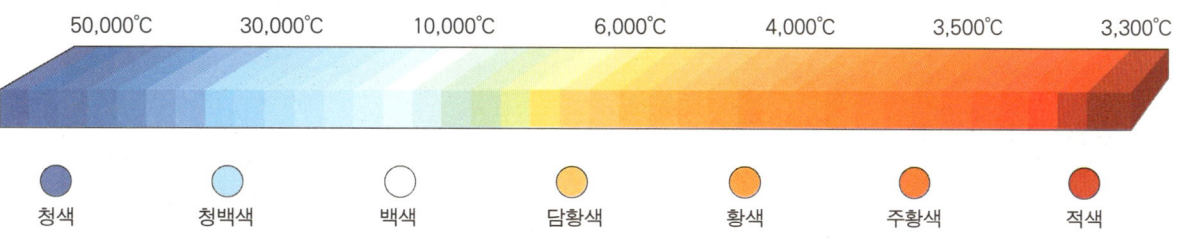

별의 색과 표면 온도
별은 표면 온도에 따라 다양한 색으로 관찰된다.

❷ 거리의 가로등이 노란색을 나타내는 이유는?

햇빛이나 백열등, 형광등의 빛을 분광기로 관찰하면 아름다운 무지개색이 연속적으로 나타나는 띠를 관찰할 수 있는데

이것을 '연속 스펙트럼'이라고 해.

한편, 원소의 불꽃색을 분광기로 관찰하면 물질마다 독특한 선의 띠(선 스펙트럼)를 나타내기 때문에

리튬

스트론튬

같은 불꽃색을 나타내더라도

분광기를 통해 보면 구별할 수 있어요!

리튬 스트론튬

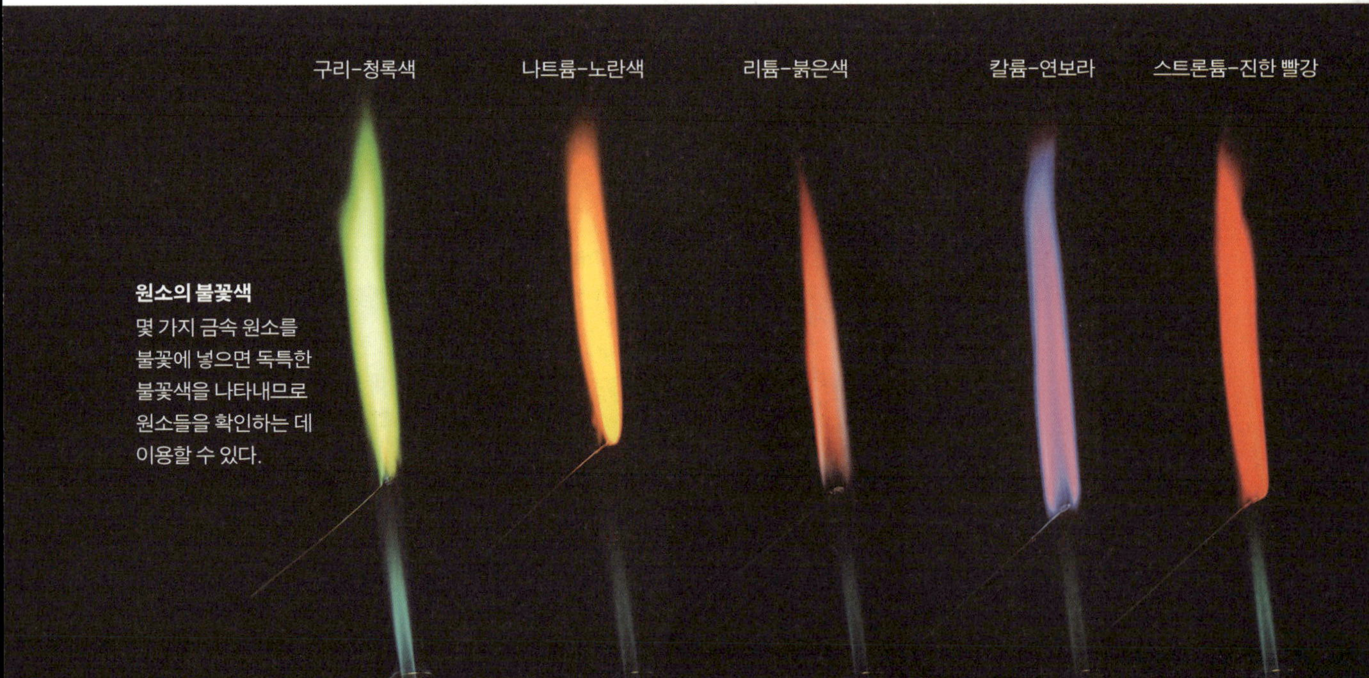

구리-청록색   나트륨-노란색   리튬-붉은색   칼륨-연보라   스트론튬-진한 빨강

원소의 불꽃색
몇 가지 금속 원소를 불꽃에 넣으면 독특한 불꽃색을 나타내므로 원소들을 확인하는 데 이용할 수 있다.

❸ 원소의 불꽃색은 전자들의 이동이 결정한다

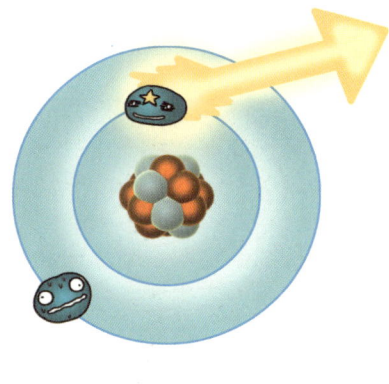

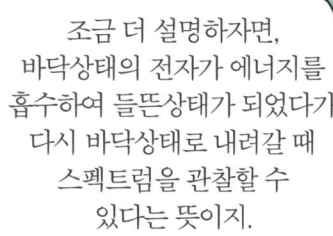

불꽃놀이의 비밀

불꽃놀이, 즉 폭죽은 화약의 발명에서 시작되었다. 화약의 기본 원리는 몇 가지 물질을 섞어 폭발적으로 연소가 일어나게 하는 것이다. 그러므로 불꽃놀이의 기본 원리는 연소 반응에서 발생하는 밝은 빛을 이용하는 것으로 볼 수 있다.

마그네슘(Mg)을 사용하면서부터는 멀리서도 밝은 빛의 불꽃을 볼 수 있게 되었다. 마그네슘은 연소할 때 매우 밝은 빛을 내는 물질로, 카메라의 플래시 빛을 발생시키는 데 사용하던 물질이다. 오늘날 불꽃놀이의 불꽃이 유난히 빛날 수 있는 것은 과염소산칼륨($KClO_4$)이 많은 산소를 발생하게 하여 물질들이 잘 연소되도록 도와주기 때문이다.

그러나 불꽃놀이의 아름다움은 무엇보다도 화려한 색이 좌우한다. 여기에는 바로 원자 내의 전자가 들뜬상태에서 바닥상태로 되돌아갈 때 에너지를 방출하는 원리가 적용된다. 이처럼 불꽃놀이의 밝고 아름다운 불꽃은 화약, 색을 내는 금속 원소가 들어 있는 화합물, 밝은 빛을 낼 수 있는 몇 가지 물질을 섞어서 폭발시켰을 때 만들어진다.

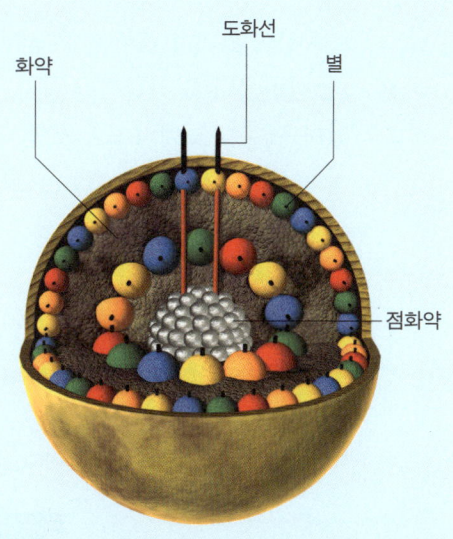

불꽃놀이의 원리
도화선에 불을 붙이고 공중으로 쏘아 올리면 화약이 폭발하면서 별이 사방으로 흩뿌려진다. 별에는 다양한 색의 빛을 낼 수 있는 물질이 섞여 있기 때문에 화약과 함께 폭발하면서 여러 가지 색의 밝은 빛을 내는 것이다.

착시 현상으로 생긴 일들

제주도의 도깨비 도로

제주도에는 내리막길에 세워 둔 자동차가 위로 올라가는 도깨비 도로가 있다. 신혼여행을 온 부부가 기념 사진을 찍으려고 차를 세워 두었는데 차가 슬금슬금 올라가는 게 아닌가. 이 사실이 알려지면서 이 도로는 신비의 도로로 유명해져 많은 관광객이 몰려들었고, 지금도 제주도를 찾는 사람들은 꼭 한번 들르는 명소가 되었다. 이 도깨비 도로의 실체는 무엇일까?

사물의 크기나 색깔 같은 성질은 눈으로 보았을 때 본래의 모습과 차이 나는 경우가 있다. 이런 경우를 시각적인 착각, 즉 '착시'라고 한다. 도깨비 도로의 진실은 착시 현상에 있었다. 제주도 도깨비 도로의 경사도를 실제로 조사해 보면 내리막길이다. 하지만 주변 지형의 영향으로 사람들 눈에는 오르막길로 보였던 것이다.

여러 가지 재미있는 착시 현상

착시에 의한 재미있는 현상은 우리 주변에서 쉽게 찾아볼 수 있다. 다음 그림을 보고 착시가 일어나는 이유를 함께 생각해 보자.

Q 벽돌은 기울어져 쌓여 있는가?

A 벽돌이 평행하지 않고 기울어져 쌓여 있는 것 같지만 자로 대어 보면 모두 평행하다.

Q 한쪽 눈을 가리고 새의 눈을 30초 동안 뚫어지게 바라본 다음, 새장 안에 찍힌 점을 보면 무엇이 나타나는가?

A 새장 안에 검은색의 유령 새가 보인다.

Q 작은 원들에 둘러싸인 파란 점과 큰 원들에 둘러싸인 파란 점 중에 어느쪽이 더 클까?

Q 4개의 긴 선분은 모두 휘어져 있을까?

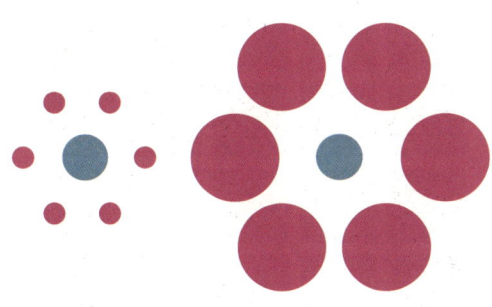

A 같은 크기의 점이 각각 중심에 있지만, 작은 원들에 둘러싸인 점이 큰 원들에 둘러싸인 점보다 크게 보인다.

A 각각의 선분이 모두 휘어져 보인다. 하지만 자를 대어 보면 선분은 모두 직선이다.

Q 모자의 높이와 챙의 폭 중 어느 것이 더 길까?

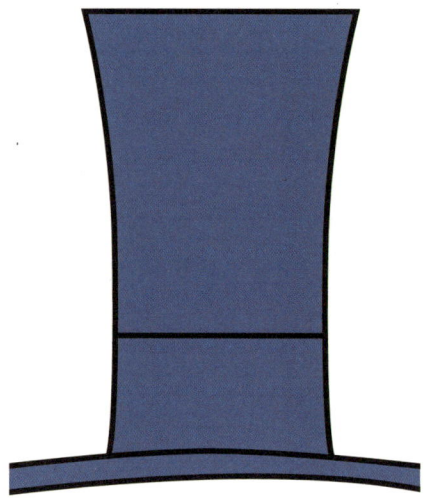

A 모자의 높이가 챙의 폭보다 훨씬 길어 보이지만 자로 재어 보면 같다.

Q 이와 같은 구조물을 실제로 만들 수 있을까?

Q 검은 사각형 사이에 무엇이 보이는가?

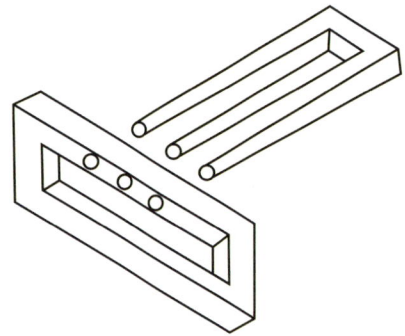

A 손으로 선을 짚어서 따라가 보면 그림의 안팎이 연결된 것을 알 수 있다. 따라서 그림과 같은 구조는 실제로 만들 수 없다.

A 검은 사각형들이 그 사이에 있는 흰색의 선에 영향을 주어 사각형 사이에 회색의 점이 나타났다가 사라진다.

Q 가까운 곳에서 코코넛 무늬를 바라보자. 어떻게 보이는가?

A 코코넛 무늬가 빙글빙글 돌아가는 것처럼 보인다.

Q 세로로 평행해 있는 선분은 휘어져 있을까?

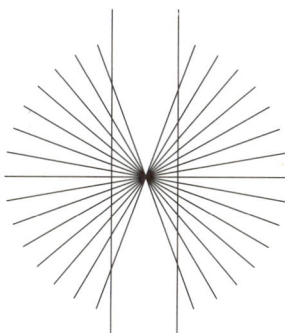

A 평행하고 있는 두 선은 밖으로 볼록하게 휘어져 보인다. 하지만 자를 대어 보면 각각의 선분은 직선이다.

Q 하얀 점의 위치가 정말로 위 꼭지점에 더 가까울까?

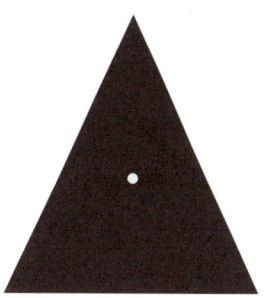

A 눈으로 볼때는 삼각형에 있는 하얀 점이 위 꼭지점에 가까워 보이지만, 자를 대보면 위아래의 거리 차이는 같다.

4 | 에너지

01 일이란 무엇일까? | 02 에너지란 무엇일까? | 03 에너지 보존의 법칙
04 에너지 전환과 열에너지 | 05 신재생 에너지

01 일이란 무엇일까?

"아빠가 회사에서 일을 너무 많이 하셔서 지금은 몹시 피곤하셔.", "나도 일이 있어서 못 가." 등 우리는 일상생활에서 '일'이란 말을 자주 씁니다. 그런데 일은 과학에서도 많이 사용하는 용어입니다. 과학에서 말하는 일은 어떤 뜻을 지니고 있을까요?

❶ 과학에서 일이란?

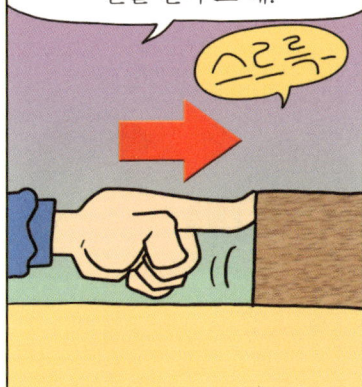

❷ 일의 양은 어떻게 구할까?

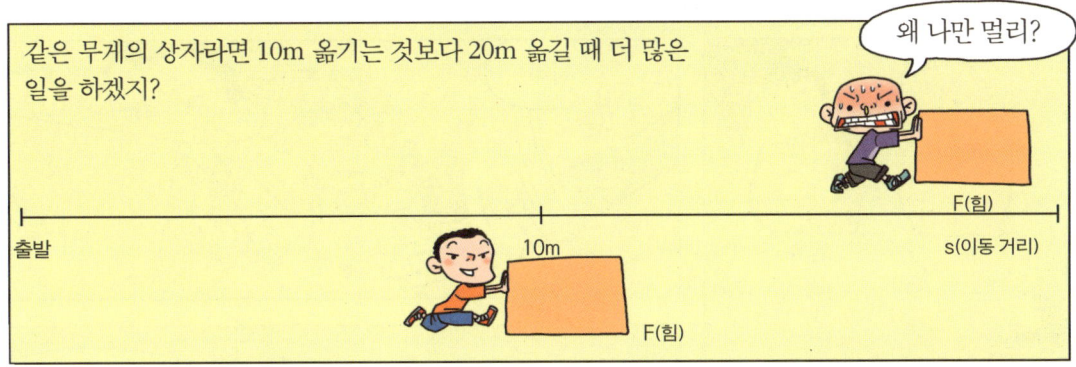
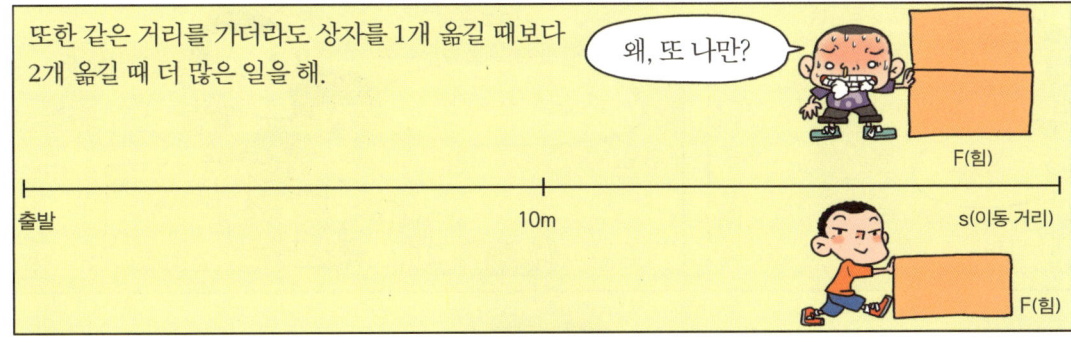

01 일이란 무엇일까?

❸ 일에도 능률이 있다

철수와 영배는 같은 무게의 상자를 같은 거리만큼 이동시켰으니 둘이 한 일의 양은 같아.

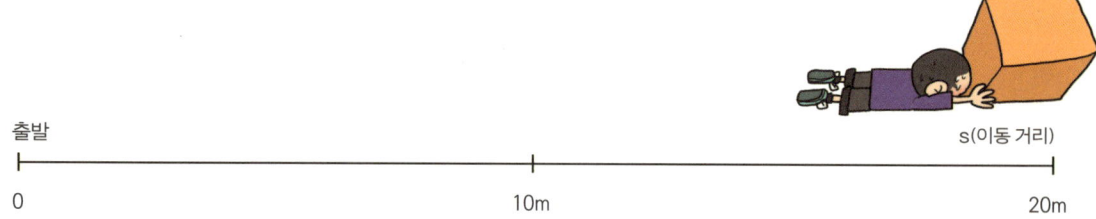

도구를 사용할 때의 일

피라미드를 만들 때 빗면을 사용하여 무거운 돌을 높은 곳까지 끌고 갈 수 있었다.
또한 무거운 돌 아래에 통나무를 깔면 마찰력이 감소하므로 힘이 적게 든다.

일을 할 때 도구를 사용하는 이유

사람들은 아주 오래전부터 무거운 물체를 쌓거나 옮길 때 지레·도르래·빗면 등의 도구를 사용해 왔다.

학교의 3층 음악실에 있는 피아노를 1층 강당으로 옮긴다고 가정해 보자. 무거운 피아노를 쉽게 옮길 수 있는 방법은 무엇일까? 아무런 도구도 사용하지 않고 직접 옮길 수도 있지만, 도르래와 줄·빗면·바퀴 달린 판 등을 이용하면 힘을 훨씬 덜 들이고 쉽게 옮길 수 있다. 도르래와 줄을 이용하면 창문을 통해 피아노를 내릴 때 필요한 힘의 크기를 줄일 수 있고, 바퀴 달린 판은 마찰력을 줄여 주어 복도에서 쉽게 옮길 수 있도록 도와준다. 또한 빗면은 계단을 따라 피아노를 내릴 때 필요한 힘의 크기를 줄여 준다. 이처럼 도구를 사용하면 필요한 힘의 크기를 줄일 수 있다.

그러나 도구를 사용한다고 해도 일의 양이 줄어들지는 않는다. 힘의 이득을 얻은 만큼 이동 거리가 길어지기 때문이다. 따라서 일의 양에는 아무런 변화가 없다.

지레의 원리를 이용한 도구
호두까기 집게는 큰 힘을 내는 데 필요한 도구이고, 젓가락은 힘이 아니라 이동 거리를 크게 할 때 필요한 도구다.

거중기의 원리

거중기는 수원 화성을 축조할 때 처음 사용된 기계 장치로, 정약용이 설계하고 제작했다. 거중기의 특징은 고정 도르래와 움직 도르래를 함께 이용하여 복합 도르래를 구성한 점이다. 고정 도르래는 힘의 방향을 바꾸어 주고, 움직 도르래는 절반의 힘만으로도 물체를 들어 올릴 수 있게 한다. 화성 건축에 사용된 거중기는 7.2t에 달하는 돌을 30명의 힘으로 들어 올릴 수 있었는데, 이는 장정 1명당 240kg의 물체를 들어 올린 셈이 된다. 이때 사용된 거중기는 모두 11대로, 공사 기간을 당초 예상한 10년에서 단 2년으로 단축시켰다.

*N(뉴턴): 힘의 크기를 나타내는 단위.

고정 도르래
힘의 이득이 없다.

움직 도르래
2분의 1의 힘이 필요하다.

복합 도르래
4분의 1의 힘이 필요하다.

02 에너지란 무엇일까?

전기 공급이 중단되면 우리의 생활은 어떻게 될까요? 전등은 물론 컴퓨터·냉장고·엘리베이터·지하철 등 모든 기기가 작동을 멈춰 우리의 생활은 상상하기 힘들 정도로 불편해질 거예요. 이처럼 에너지를 공급받지 못한다면 인류 문명은 잠시도 유지될 수 없습니다. 에너지란 무엇일까요?

화력 발전
석탄이나 석유와 같은 화석 연료를 이용해서 만든 증기의 힘으로 발전기를 돌려 전력을 얻는 방식을 말한다.

여기는 아저씨 친구가 일하는 곳이야.

우아~ 근사하다!

아저씨 연구소보다 백배 낫다!

내 친구야.

안녕하세요?

❶ **에너지의 정체는?**

풍력·원자력·파력 발전
발전소에서는 바람·원자핵·파도 에너지 등의 다양한 에너지원을 이용해서 전기 에너지를 생산한다.

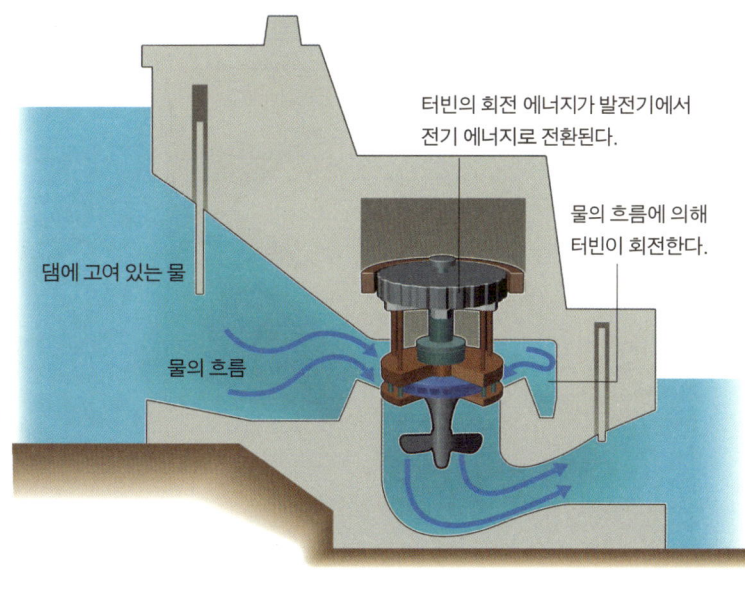

❷ 에너지의 흐름과 전환 과정

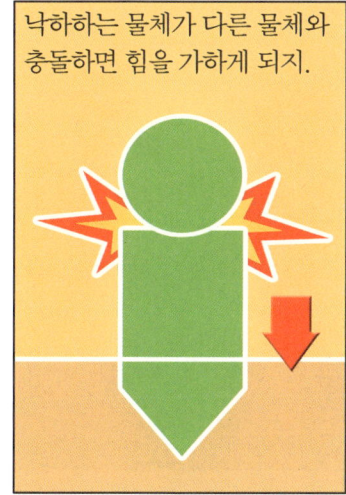

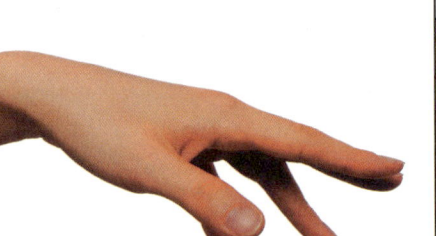

운동하고 있는 물체도 에너지를 가지는데 이를 '운동 에너지'라고 해.

공에서의 에너지 전환
사람의 화학 에너지를 이용하여 공을 들어 올리면 사람이 한 일은 중력에 의한 위치 에너지로 저장된다. 공을 놓으면 중력에 의한 위치 에너지가 운동 에너지로 전환된다.

에너지의 전환과 운반

발전소에서 만들어진 전기 에너지는 송전선을 통해 공장이나 가정으로 보내진다. 이렇게 보내진 전기 에너지는 전등에서는 빛과 열에너지로 바뀌고, 스피커에서는 소리 에너지로 변한다. 또한 모터에서는 일로 전환된 다음 다른 형태의 에너지로 전환된다. 이와 같이 발전소에서 전기 에너지로 전환된 에너지는 전류에 의해 전송되어 전송된 곳에서 빛이나 소리 에너지, 열에너지 등 다양한 형태의 에너지로 전환된다.

    그러면 에너지는 어떻게 운반될까? 여러 방법이 있지만 대부분의 경우 물체가 에너지를 운반하는 주체이다. 수력 발전소의 댐에서 발전소까지 에너지를 운반하는 것은 파이프 속을 지나가는 물이며, 말뚝 박는 기계에서는 해머가 에너지를 운반한다. 태양에서 지구까지 에너지를 운반하는 것은 빛, 즉 전자기파이다. 전자기파는 아무런 매질이 없는 공간을 통해서 이동하는 점이 다른 형태의 에너지와 다르다.

 과학 톡톡

에너지의 종류와 전환

에너지의 종류는 운동 에너지·위치 에너지·화학 에너지·전기 에너지·열에너지·빛 에너지·소리 에너지 등 다양하다. 이러한 에너지들은 한 형태의 에너지에서 다른 형태의 에너지로 전환되면서 여러 가지 일을 할 수 있다.

화학 에너지 → 위치 에너지 → 전기 에너지 → 소리 에너지 → 운동 에너지 → 열에너지 → 빛 에너지

튀지 않는 탁구공

2개의 탁구공을 손으로 잡고 떨어뜨렸더니 1개의 탁구공은 튀어 올랐으나,
다른 탁구공은 전혀 튀어 오르지 않았습니다. 탁구공에 무슨 일이 생긴 것일까요?
튀어 오르지 않는 탁구공을 함께 만들어 봅시다.

| 무엇이 필요할까요? |

탁구공 2개, 바늘, 순간접착제, 찬물과 따뜻한 물, 집게, 휴지, 양초, 핀셋

| 어떻게 만들까요? |

1. 2개의 탁구공 중 1개의 탁구공에 바늘을 찔러 작은 구멍을 냅니다. 바늘의 끝을 양초로 달구어 뜨겁게 하면 쉽게 구멍을 낼 수 있습니다.

2. 여기서 잠깐 생각해 봅시다. 이 작은 구멍을 통해 탁구공 속에 물을 넣으려면 어떻게 해야 할까요? 힌트는 찬물과 따뜻한 물을 이용한다는 점입니다.

3. 먼저 탁구공을 따뜻한 물에 넣으면 공기가 팽창하면서 기포가 빠져나옵니다. 이 상태에서 탁구공을 찬물에 넣습니다. 그러면 탁구공 속의 공기가 수축하면서 물이 탁구공 속으로 들어갑니다. 물을 너무 많이 넣을 필요는 없고, 조금만 넣으면 됩니다.

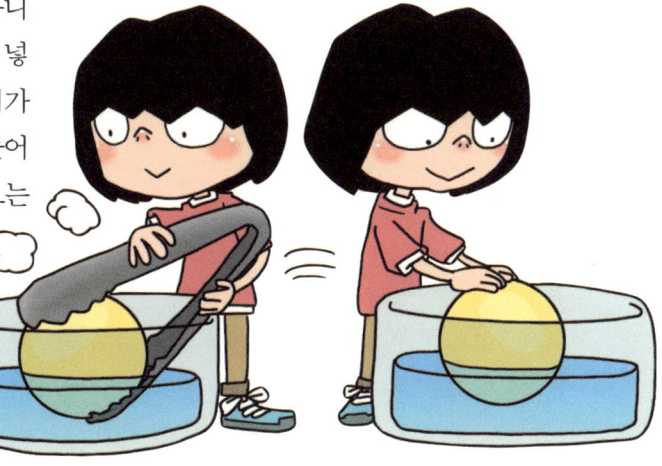

4. 탁구공을 찬물에서 꺼내어 휴지로 물기를 잘 닦습니다.

5. 바늘로 뚫은 구멍에 순간접착제를 한 방울 떨어뜨리고 구멍이 막히기를 기다립니다.

6. 순간접착제가 굳으면 보통 탁구공과 물이 든 탁구공을 동시에 떨어뜨려 봅시다. 보통 탁구공은 잘 튀어 오르지만 물이 든 탁구공은 전혀 튀어 오르지 않습니다. 튀어 오르지 않는 탁구공을 친구들 앞에서 마술처럼 보여 줄 수도 있답니다.

주의하세요!

1. 바늘로 탁구공에 구멍을 낼 때 찔리지 않도록 조심합니다.
2. 뜨거운 물에 탁구공을 넣을 때는 집게 등을 이용하는 것이 안전합니다.
3. 순간접착제가 손이나 다른 곳에 묻지 않도록 주의하세요.

 | 왜 그럴까요? |

이 실험에 숨어 있는 두 가지 과학 원리를 살펴볼까요? 하나는 작은 바늘 구멍을 통해 탁구공 속에 물을 넣을 때 적용되는 원리이고, 다른 하나는 물이 들어 있는 탁구공이 튀어 오르지 않는 까닭을 설명하는 원리입니다.

우선 탁구공에 물을 넣을 때 따뜻한 물속에 탁구공을 넣은 다음 찬물에 넣는 까닭을 생각해 봅시다. 탁구공을 따뜻한 물속에 넣으면 탁구공 속에 들어 있는 공기는 부피가 팽창하면서 밖으로 빠져나갑니다. 이는 따뜻한 물속에 넣은 탁구공에서 기포가 빠져나오는 것으로 확인할 수 있습니다. 이 상태에서 탁구공을 찬물에 넣으면 어떤 일이 일어날까요? 탁구공 속에 있는 공기의 온도가 낮아지면서 부피가 줄어듭니다. 이에 따라 바깥쪽에 있는 물이 탁구공 안으로 들어가게 되는 것입니다. 순서를 바꾸어 탁구공을 찬물에 넣은 다음 따뜻한 물에 넣으면 물이 들어가지 않겠지요. 이처럼 기체의 부피가 온도에 따라 변하는 현상을 처음으로 설명한 사람은 프랑스의 과학자 게이뤼삭입니다. 따뜻한 물속에 탁구공을 넣을 때와 같이 온도가 높아지면 기체의 부피는 팽창하고, 찬물에 탁구공을 넣을 때와 같이 온도가 낮아지면 기체의 부피는 수축합니다. 이를 '샤를의 법칙'이라고 합니다.

온도 변화에 따라 부피가 변하는 까닭은 무엇일까요? 그것은 온도에 따라 기체 알갱이들의 빠르기가 달라지기 때문입니다. 즉, 온도가 높아지면 기체 알갱이들이 활발하게 움직이면서 속력이 빨라지기 때문에 부피가 팽창합니다. 반대로 온도가 낮아지면 기체 알갱이들의 운동이 느려지기 때문에 부피가 감소합니다.

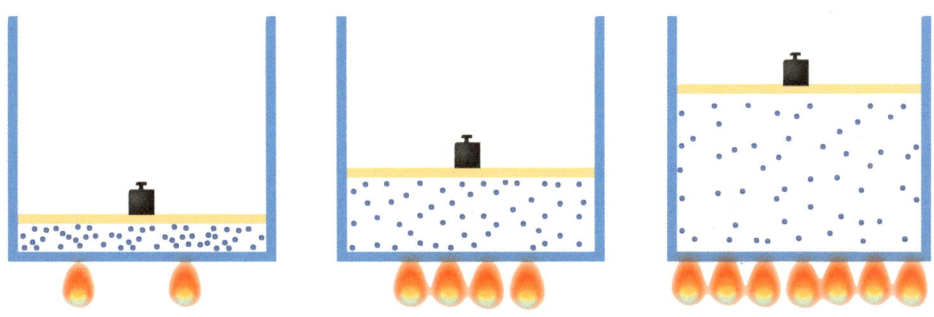

온도가 높아지면 기체의 부피는 팽창한다.

다음으로 물이 든 탁구공이 전혀 튀어 오르지 않는 까닭은 무엇일까요? 그것은 물이 탁구공의 운동 에너지를 모두 흡수해 버리기 때문입니다. 즉, 보통 탁구공을 높은 곳에서 떨어뜨리면 바닥에 부딪힌 다음 다시 튀어 오르는데, 이것은 부딪히는 순간의 운동 에너지가 그대로 남아 있기 때문입니다. 하지만 탁구공 속에 물이 들어 있으면 탁구공 대신 물이 운동 에너지를 흡수해 버리기 때문에 탁구공은 전혀 튀어 오르지 않는 것입니다. 이때 물은 운동 에너지를 흡수하여 분자들의 운동이 활발해지지만 이것이 눈에 보이지는 않지요.

03 에너지 보존의 법칙

물체가 높은 곳에서 떨어질 때 위치 에너지가 운동 에너지로 전환되는 것처럼 에너지는 한 형태에서 다른 형태로 바뀔 수 있습니다. 이와 같이 에너지가 모습을 바꿀 때 전체 에너지의 양은 어떻게 될까요?

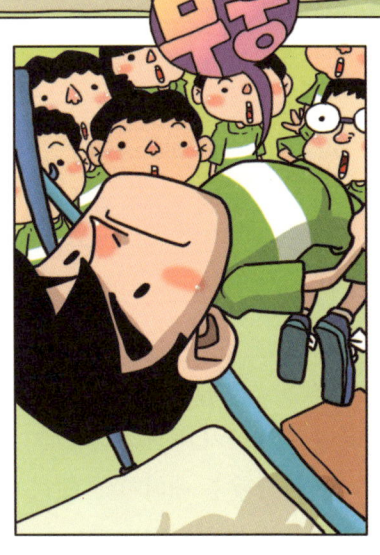

03 에너지 보존의 법칙

❶ **에너지는 전환되어도 총량은 변하지 않는다**

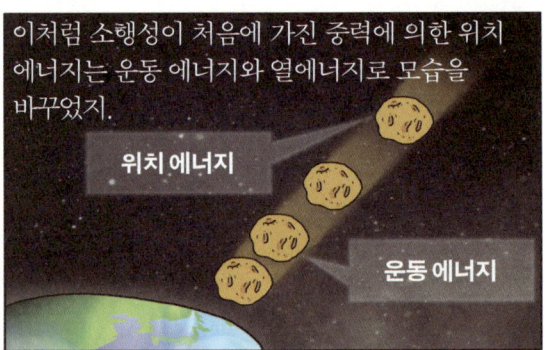
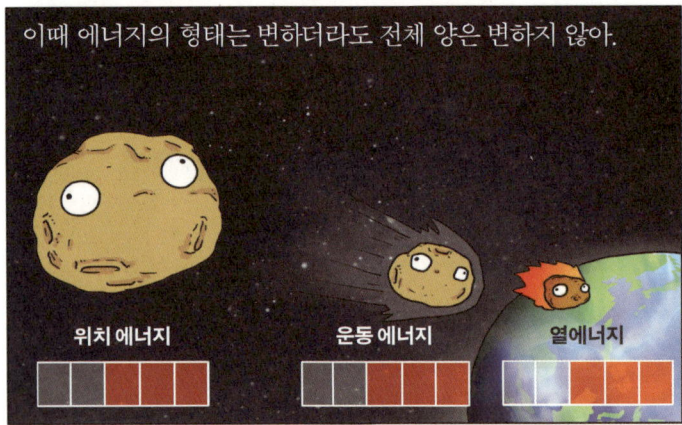

❷ **에너지 전환 효율**

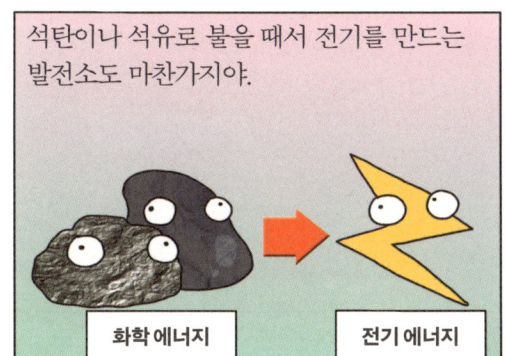

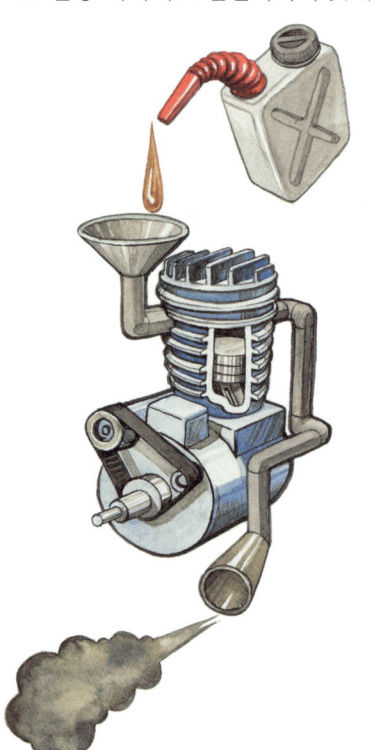

에너지 보존 법칙

에너지는 한 형태에서 다른 형태로 전환되지만, 전환 과정에서 에너지가 발생하거나 소멸되지 않고 그 합은 항상 일정하게 보존되는데, 이를 '에너지 보존 법칙'이라고 한다.

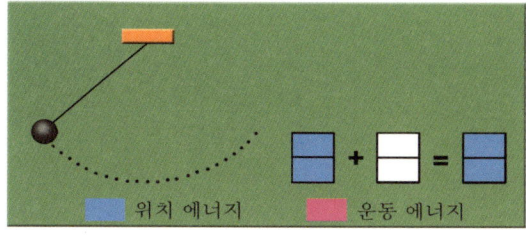

① 위치 에너지 100 + 운동 에너지 0
 = 역학적 에너지 100

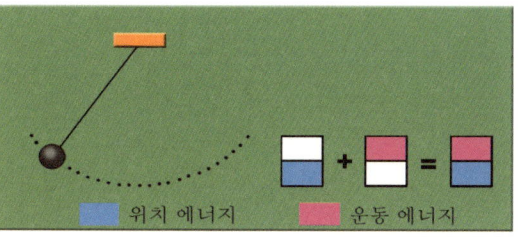

② 위치 에너지 50 + 운동 에너지 50
 = 역학적 에너지 100

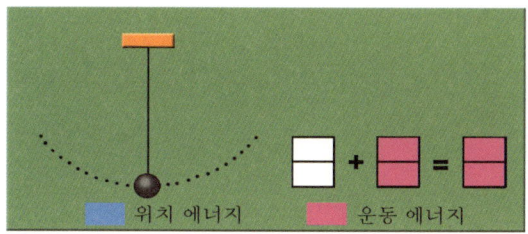

③ 위치 에너지 0 + 운동 에너지 100
 = 역학적 에너지 100

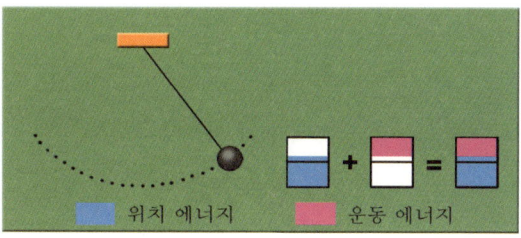

④ 위치 에너지 60 + 운동 에너지 40
 = 역학적 에너지 100

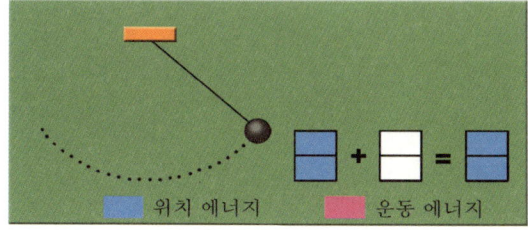

⑤ 위치 에너지 100 + 운동 에너지 0
 = 역학적 에너지 100
→ 진자가 운동할 때 위치 에너지가 운동 에너지로, 운동 에너지가 위치 에너지로 전환되지만 두 에너지를 합한 역학적 에너지는 항상 일정하게 보존된다.

에너지가 보존된다고 해서 우리가 사용할 수 있는 에너지가 무한정으로 있다는 뜻은 아니다. 에너지는 없어지지 않지만 그중에는 우리가 이용할 수 있는 에너지와 이용할 수 없는 에너지가 있다. 예를 들어 태양 에너지나 석탄, 석유 등의 에너지는 이용할 수 있지만, 석탄과 석유 에너지를 사용한 뒤 공기 중으로 퍼져 나간 열에너지는 더 이상 이용할 수 없다.

 교과서 밖 과학

사람이 할 수 있는 일의 양은 얼마나 될까?

　인간 체력의 한계에 도전하는 철인 3종 경기는 수영과 사이클, 마라톤을 연속해서 하는 지구력 경기다. 철인 3종 경기에 참가한 선수가 대회에서 규정한 제한 시간 내에 경기를 완주하면 철인 칭호를 받는다. 평범한 사람과 비교해서 철인 칭호를 받는 사람이 할 수 있는 일의 양은 얼마나 될까? 에너지의 관점에서 사람이 할 수 있는 일의 양이 얼마나 될 수 있는지 살펴보자.

　영양학에서 사용하는 에너지의 단위는 킬로칼로리(kcal)이다. 보통 성인 남성이 하루에 음식물로 섭취해야 할 에너지는 2,400kcal이다. 음식물은 화학 에너지를 가지고 있는데,

이는 연소될 때 열로 변한다. 1cal는 4.2J에 해당되므로 2,400kcal는 10,080,000J이다. 이 값을 1시간에 사용하는 에너지의 양으로 환산하면 2,800Wh(10,080,000÷3,600)가 된다. 이 에너지가 전부 사람의 근육 노동에 이용된다고 가정하고, 24시간 연속해서 일을 한다면 사람은 일률이 약 120W인 작업 기계라고 할 수 있을 것이다(2,800Wh÷24시간=약 120W). 그러나 사람은 자고 있을 때도 호흡과 혈액 순환 등의 기초 활동에 에너지를 소비한다. 따라서 사람이 근육 노동을 할 때의 평균적인 일률은 100W 이하이다.

인류는 약 200년 전까지만 해도 동력원으로 사람이나 말의 근육에 의존했다. 자연이 주는 풍력이나 수력은 범선이나 물레방아와 같이 한정된 지역에서만 이용할 수 있었다. 그러나 과학 기술의 발달과 함께 증기 기관·발전기·모터 등 새로운 동력원이 발명되면서 큰 변화를 가져왔다.

산업통상자원부의 통계에 따르면, 우리나라에서 2014년 한 해 동안 사용한 1차 에너지의 양은 1인당 5,590만kcal였다. 이는 6만 5,200kWh에 해당한다.

이러한 에너지 소비량의 증가는 사람들의 생활에도 큰 변화를 주었다. 밤에도 낮처럼 환한 상태에서 생활하게 되어 24시간 활동이 가능해졌다. 에너지 소비량의 증가는 1970년대 이후 우리나라의 사회 경제적 변화를 이해하는 중요한 열쇠 중 하나이다.

04 에너지 전환과 열에너지

스카이다이빙은 비행기에서 뛰어내리는 스포츠입니다. 스카이다이버가 비행기에서 뛰어내린 직후에는 속력이 점점 빨라지지만 어느 순간부터는 일정해집니다. 이는 위치 에너지가 감소했지만 운동 에너지는 증가하지 않는다는 것을 뜻합니다. 감소한 위치 에너지는 어디로 사라진 것일까요?

❶ 역학적 에너지는 열에너지로 전환된다

스카이다이빙에는 두 가지 힘이 작용합니다.

하나는 중력이고 또 하나는 공기 저항이지요.

처음 떨어질 때는 중력 가속도가 공기 저항보다 더 커서

떨어지는 속도가 점점 증가하지만

몇 초 뒤에는 낙하 속도가 일정해집니다. 속도가 빨라질수록 공기의 저항이 커지기 때문이지요.

어느 순간 중력 가속도와 그 반대 방향으로 작용하는 공기의 저항이 균형을 이뤄 가속도는 0이 됩니다.

공기의 저항력

중력

가속도가 0이라는 것은

속력이 일정하다는 뜻이지요.

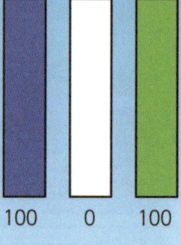

그럼, 문제 하나 내겠습니다.

스카이다이버가 낙하할 때, 중력에 의한 위치 에너지는 감소하지만 속력은 일정합니다.

따라서 운동 에너지는 증가하지 않고 일정합니다.

그렇다면 감소한 위치 에너지는 어디로 간 것일까요?

그야 감소한 위치 에너지는 공기의 저항에 의해 열에너지로 전환됐죠.

감소한 위치 에너지

마… 맞습니다.

❷ 일은 열에너지로 전환된다

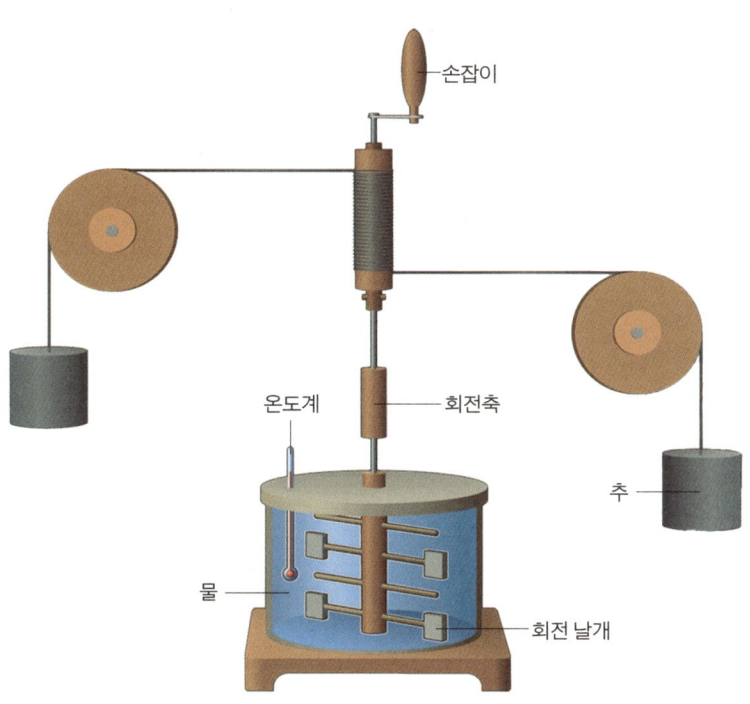

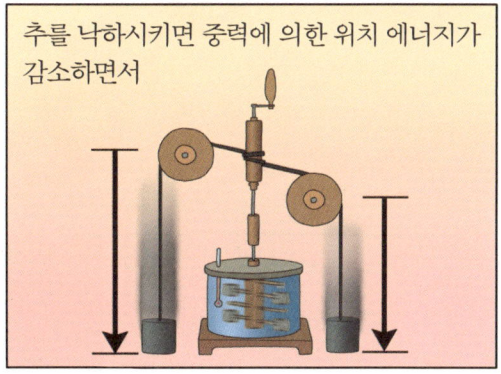

❸ **에너지 전환과 열의 환산 비율**

 과학 톡톡

줄의 실험

영국의 과학자 줄은 역학적 에너지가 열에너지로 바뀐다는 사실을 실험을 통해 확인했다. 이 장치에서 축에 매달린 추를 일정한 거리만큼 낙하시키면 추가 떨어지면서 장치의 내부에 있는 날개를 회전시켜 물을 세차게 젓는다. 이때 마찰에 의해 열이 발생하면서 물의 온도가 상승하는데, 이를 측정했다.

줄의 실험에서 에너지 전환 과정

줄은 추가 낙하할 때 회전 날개에 한 일 W(J)를 구하고 통 속 물의 질량과 온도 변화를 측정하여 발생한 열량 Q(kcal)를 계산하여 일과 발생한 열량, 즉 역학적 에너지와 열에너지 사이에는 다음과 같은 관계가 성립한다는 것을 알아냈다. $W = 4.2 \times 10^3 Q$

05 신재생 에너지

현재 사용하고 있는 에너지 자원은 앞으로 몇 년 동안 사용할 수 있을까요? 과학자들에 따르면 석유는 약 40년, 천연가스는 60년, 석탄은 200년, 우라늄은 70년 정도입니다. 채광 기술이 진보하고 새로운 자원을 개발하더라도 에너지 자원이 유한한 것에는 변함이 없겠지요. 이처럼 에너지 자원은 한정되어 있는데 에너지 소비는 급격하게 늘면서 인류는 에너지 위기를 맞고 있습니다. 아무리 사용해도 고갈되지 않고, 써도 다시 생겨나는 재생 가능한 에너지는 없을까요? 인류가 이용할 수 있는 새로운 에너지 자원을 찾아 함께 떠나 봅시다.

| 수소 에너지란 무엇인가? |

수소 에너지는 미래의 청정 에너지원 가운데 하나이다. 수소가 연소될 때는 공해 물질이 거의 배출되지 않는다. 또한 지구 표면을 덮은 바다에는 13억 7,000만km³의 물이 있고, 바닷물 1,000g에는 108g의 수소가 있으므로 그 양도 무궁무진하다.

수소 에너지란, 수소를 연소시켜서 얻는 에너지를 말한다. 수소를 연소시키면 같은 질량의 가솔린보다 3배나 많은 에너지를 방출한다. 또한 수소는 일반 연료·자동차·비행기·연료 전지 등 현재의 에너지 시스템에서 사용되는 거의 모든 분야에 응용될 수 있다. 따라서 미래의 에너지 시스템에 가장 적합한 에너지원으로 각광받고 있다.

이와 같은 수소 에너지가 실용화되기 위해서는 제조·수송·저장·

태양열 발전
거울을 이용하여 햇빛을 높은 탑 위에 있는 발전기로 집중시켜 전기를 생산한다.

풍력 발전소
바람은 높이 올라갈수록 강하게 불기 때문에 기둥을 높이 세워야 한다. 대형 풍력 발전기는 기둥의 높이가 100m나 되는 것도 있다.

전환 등 여러 분야의 화학적인 문제가 해결되어야 한다. 수소를 경제적으로 대량 생산할 수 있는 제조법, 경제적인 저장과 수송 방법, 연료 전지 등의 이용법이 앞으로 연구할 과제이며 해결해야 할 문제점이다. 과학자들은 수소를 안정적이고 대량으로 값싸게 제조하여 보급하면 현재의 에너지 시스템에 큰 변화가 일어날 것이라고 확신한다.

| 풍력 에너지 |

풍력은 바람으로부터 얻는 에너지다. 아주 오래전부터 사람들은 항해를 하거나 풍차를 돌리고 물을 퍼 올리는 데 풍력을 이용했다. 최근에는 전기를 생산하는 데 풍력을 이용하기 시작했다. 우리나라에도 제주도와 대관령 등에 풍력 발전기가 설치되어 있다. 풍력 발전이란 자연의 바람을 이용하여 풍차를 돌리고, 이것으로 발전기를 돌리는 발전 방식을 말한다.

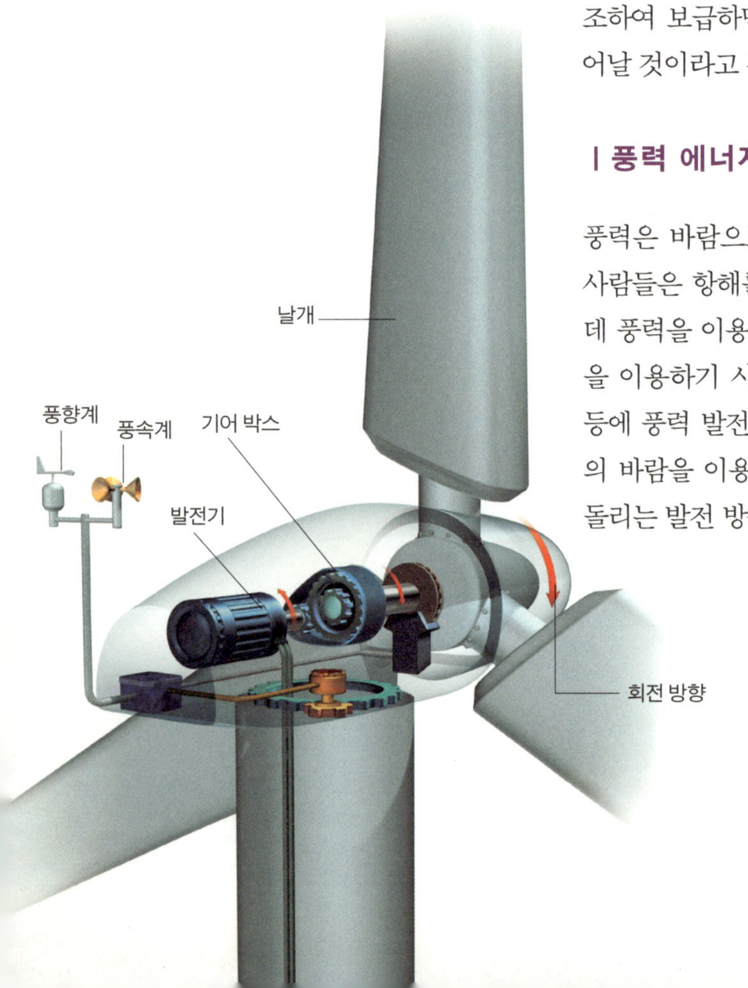

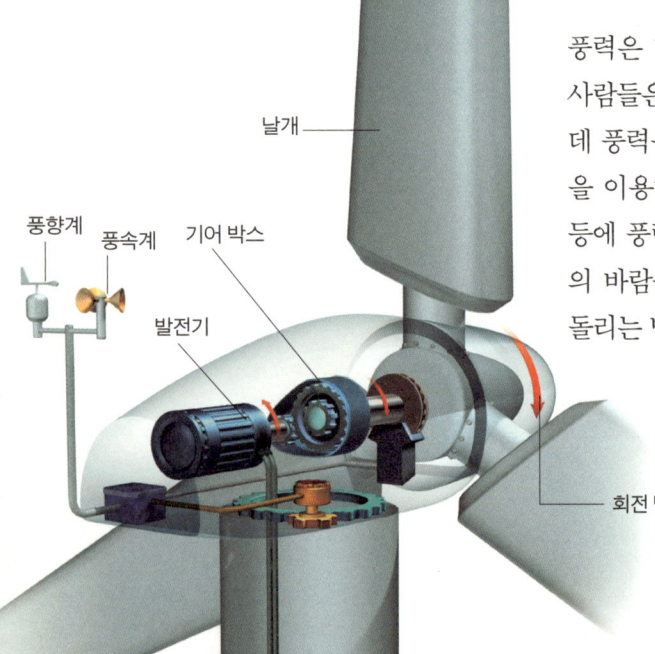

풍력 발전기
풍력 발전기는 수평 방향 바람의 운동 에너지를 터빈의 회전 운동 에너지로 바꾼다. 회전 운동 에너지는 발전기에 의해 전기 에너지로 전환된다. 풍력 발전기의 출력은 터빈의 크기와 바람의 속력에 따라 정해진다.

풍력을 이용해 효율적으로 전기 에너지를 얻기 위해서는 초속 5m 이상의 바람이 지속적으로 불어야 한다. 따라서 풍력 발전소는 사막이나 바다와 가까운 지역에 많이 세운다. 풍력 에너지는 환경 오염 물질을 발생시키지 않는 깨끗한 에너지이기 때문에 세계 각국에서 그 활용에 큰 관심을 보이고 있다. 최근의 풍력 발전기는 풍력 에너지의 약 30%를 발전기를 돌리는 에너지로 전환시킬 수 있다.

| 파력 에너지 |

바닷가에 가면 쉴 새 없이 파도가 치는 것을 볼 수 있다. 파도 때문에 수면은 주기적으로 상하 운동을 하는데, 이를 이용하여 전기 에너지를 생산하는 것을 '파력 발전'이라 한다. 미국·일본·영국·노르웨이 등의 나라에서 파력 발전에 관한 많은 연구를 해 왔으며, 다양한 형태의 파력 발전 장치가 고안되어 있다.

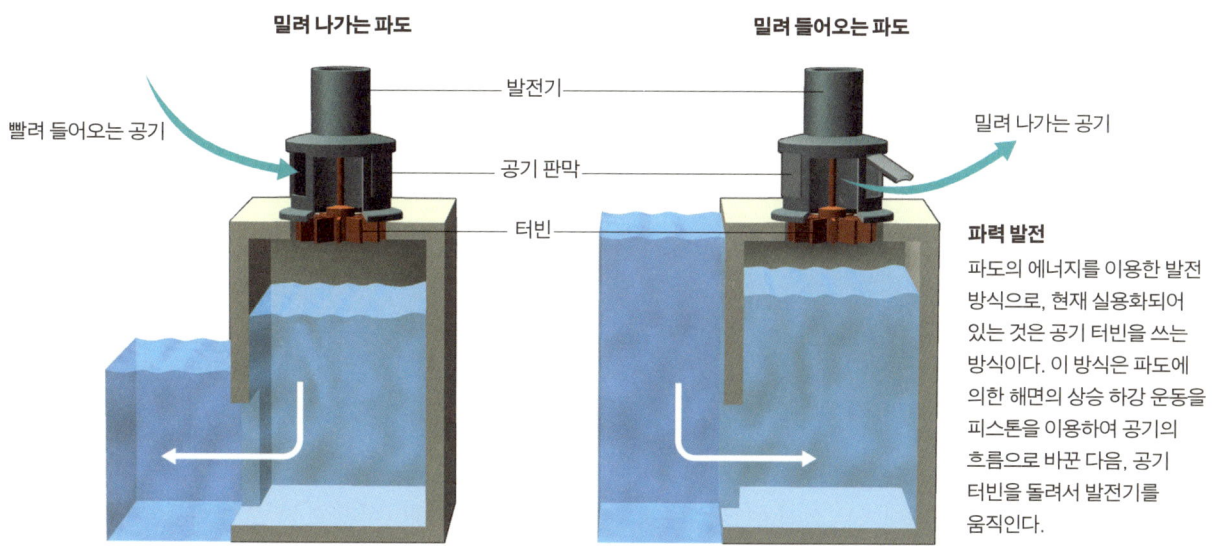

파력 발전
파도의 에너지를 이용한 발전 방식으로, 현재 실용화되어 있는 것은 공기 터빈을 쓰는 방식이다. 이 방식은 파도에 의한 해면의 상승 하강 운동을 피스톤을 이용하여 공기의 흐름으로 바꾼 다음, 공기 터빈을 돌려서 발전기를 움직인다.

| 바이오 에너지 |

나무나 풀, 가축의 분뇨, 음식물 쓰레기 등을 에너지원으로 사용하는 바이오매스를 '바이오 에너지'라 한다. 즉 나무의 줄기·뿌리·잎 등이 대표적인 바이오매스이며, 석유나 석탄과 같은 화석 자원은 포함시키지 않는다.

화학 공학·생물 공학·유전 공학 등의 기술을 이용하면 바이오매스를 알코올이나 메테인 가스, 수소가스, 그리고 전기 에너지로 전환시킬 수 있다. 예를 들어 사탕수수에서 알코올을 뽑아 내고, 가축의 분뇨나 공장의 폐수, 음식물 쓰레기 등을 미생물로 발효시켜 메테인이나 수소 기체를 얻기도 한다.

지열 에너지

지열은 지구의 내부에서 외부로 나오는 열을 말한다. 이러한 지열은 수증기, 온수 및 화산 분출 등에 의해서 지표로 유출된다. 지열은 지구의 모든 표면에서 방출되지만 그 양은 지역에 따라 크게 다르다. 지열 에너지는 지구 자체가 가지고 있는 에너지이므로 파내는 깊이에 따라 잠재력이 무한하다고 할 수 있다. 현재 지열 에너지는 온천 등의 관광 자원이나 난방의 열원 등으로 직접 이용되는 경우가 많다. 앞으로는 지열 발전을 통하여 전기 에너지를 얻는 방식으로 나아갈 전망이다.

지열 발전
땅속 증기나 더운물을 이용한 발전 방식으로, 천연 증기로 직접 터빈을 회전시키는 직접식과 열 교환기를 통하는 간접식 발전이 있다.

대안 에너지를 찾아서

지금까지 인류는 석유·석탄·천연 가스 등을 비롯한 화석 연료를 주로 에너지 자원으로 사용해 왔다. 화석 연료에만 의존하는 에너지 사용은 고갈 문제뿐 아니라 국가 간의 분쟁, 전 지구적인 기후 변화를 일으키고 있다. 이처럼 인류 문명을 위협하는 화석 연료를 대신할 수 있는 대안 에너지에는 어떤 것들이 있을까?

고갈되지 않고 기후 변화도 일으키지 않으며 안전한 에너지 자원이 바로 신재생 에너지이다. 1970년대 초 석유 파동 당시에 '대체 에너지'라는 말을 쓰기도 했으나, 최근에는 '신재생 에너지'라는 용어를 많이 사용한다. 태양이 존재하는 한 사라지지 않는 태양 에너지, 지구상에서 바람이 부는 동안 끊임없이 생겨나는 바람 에너지, 그 외에 수소 에너지, 지열 에너지 등은 공해 물질도 내놓지 않고 한 번 쓰면 사라지는 것이 아니라 언제까지나 계속 쓸 수 있으므로 모두 신재생 에너지에 속한다. 신재생 에너지는 화석 연료를 대체할 수 있는 최선의 대안이라고 할 수 있다.

교통과 에너지

세계적으로 1차 에너지 소비량의 25%는 교통이 차지한다. 이는 전체 이산화 탄소 배출량의 4분의 1이 교통에서 발생한다는 것을 의미한다. 비행기·선박·승용차·버스·기차·자전거 등의 교통 수단 가운데 1인 km(한 사람을 1km 실어나르는 것)당 가장 많은 에너지를 소비하고 가장 많은 이산화 탄소를 배출하는 것은 승용차와 비행기다. 반면에 이산화 탄소 배출량이 거의 없고 에너지를 가장 적게 소비하는 것은 자전거다.

기차와 버스가 1인 km당 이산화 탄소를 각각 90g과 59g 배출하는 데 비해 승용차는 200g을 배출한다. 승용차가 버스에 비해 3~4배 많은 에너지를 소비하는 것이다. 교통에서 에너지를 효율적으로 사용하고 이산화 탄소 배출을 줄이기 위해서는 대중 교통 수단을 이용해야 한다.

 교과서 밖 과학

영구 기관을 만들 수 있을까?

레오나르도 다 빈치(1452~1519)

인류는 오래전부터 영구적으로 스스로 움직이는 기관을 꿈꿔 왔다. 외부에서 에너지를 받지 않고도 계속 움직이면서 일할 수 있는 가상의 장치를 '영구 기관'이라고 한다. 이런 기관을 발명할 수만 있다면 현재 인류의 생존을 위협하는 에너지 문제는 간단히 해결된다. 그러나 스스로 끝없이 돌아가는 영구 기관의 실현 가능성은 없다. 그런데도 일부 사람들은 영구 기관을 개발하려는 시도를 멈추지 않고 있다. 영구 기관은 정말 만들 수 없을까?

어느 시대에나 사람들은 영구 기관의 꿈을 꾸었다. 특히 중세 시대에는 실제로 여러 영구 기관이 고안되기도 했다. 르네상스 시대의 대표적 과학 기술자 레오나르도 다 빈치도 몇몇 영구 기관에 대한 기록을 남기고 있다. 자신이 생각한 것인지 아니면 당시에 알려져 있던 생각을 정리한 것인지 명확하지는 않다. 하지만 기록의 마지막에는 "영구 기관을 꿈꾸는 사람은 마치 연금술사와도 같다. 쓸모없는 고생은 그만두는 것이 좋다."면서 노력의 공허함을 주장하기도 했다.

16세기에는 이탈리아에서 아르키메데스의 나선 펌프로 물을 끌어올려 그 물로 물레방아를 돌려 곡식을 빻고, 다시 나선 펌프를 돌리는 장치가 만들어졌다고 한다.

17~18세기에는 물레방아의 동력을 이용하는 경우가 많았는데, 산업이 발달함에 따라 영구 기관의 출현에 큰 기대를 걸었다고 한다. 그러나 많은 발명가의 노력은 헛수고로 끝나고 말았다. 1775년 파리의 과학 아카데미는 많은 가정을 파괴하고 재산과 시간과 재능까지 모두 소진시킨다는 이유를 들어 "앞으로 영구 기관에 관한 연구 보고는 받지 않는다."는 성명을 발표하기에 이르렀다.

그러나 불로 물을 퍼 올리는 증기 기관과 같은 새로운 발명품이 나타나자 사람들은 다시 영구 기관의 발명에 빠져들었다. 볼타의 전지가 등장하자 사람들은 전지를 사용하면 영구 기관을 만들 수 있을지도 모른다는 희망을 갖기도 했다.

이탈리아의 잠보니는 1812년 금박과 은박을 수백 장 쌓아서 전지를 만들었다. 볼타의 전지는 소금물을 적신 천으로 금속판을 녹였지만, 이 전지에는 물기가 전혀 없었다. "볼타 전지에서 만들어지는 전기는 접촉에 의한 것으로 화학 작용이 아니다."라는 사실을 밝히려고 한 것이다. 만약 화학 작용이라면 영구 기관으로서의 의의를 잃기 때문이다. 그러나 볼타 전지도 오래 사용하면 금속이 부식하여 손상된다는 사실이 알려졌다. 또한 전류를 계속 흐르게 하면 기전력, 즉 전기를 흐르게 하는 원동력이 점점 작아진다는 사실이 밝혀졌다. 이러한 생각은 결국 전지를 구성하고 있는 극판이 녹아서 전류가 흐르게 된다는 생각으로 발전하여 전지는 영구 기관이 아니라는 생각에 이르렀다.

이처럼 영구 기관을 만들려는 수많은 시도가 있었으나 어느 누구도 성공하지 못했다. 무수한 시도가 실패로 끝났다는 사실을 통해 사람들은 영구 기관이 불가능하다는 것을 확신했고, 이는 에너지 보존 법칙을 확립하는 계기가 되었다.

세상을 빛낸 과학, 과학자들

20세기 초의 과학

20세기 초에 과학에 종사했던 과학자는 그때까지 인류 역사를 통틀어 존재했던 과학자보다 훨씬 더 많았다. 당시 과학 연구는 훨씬 더 복잡해졌고, 과거 어느 때보다 과학자들 사이의 공동 연구가 필요했다. 과학은 마치 거대한 조각 그림 맞추기 퍼즐처럼 되어, 과학자 개개인이 저마다 하나의 조각에 매달려 있는 모습이었다. 전체적인 그림을 볼 수 있도록 조각 그림을 맞추는 데는 아인슈타인 같은 위대한 천재의 힘이 필요했다.

이전의 과학은 사람들의 사고방식에 영향을 끼치는 데 그쳤지만, 이 시대의 새로운 과학은 사람들의 일상생활에까지 엄청난 변화를 일으켰다. 한 과학자가 어떤 새로운 아이디어를 생각해 내면 다른 과학자가 곧바로 그것을 어디에 이용할 수 있는지를 생각해 냈다.

20세기 초까지만 해도 과학 기술 경쟁에서 선두에 있던 나라는 독일이다. 그들은 염료나 화학제품 생산에서 세계 제일의 위치를 차지하고 있었다. 하지만 히틀러가 권력을 잡자 우수한 인재들이 신변의 위협을 느껴 안전한 미국으로 피신했다. 그러자 독일의 과학 기술력은 미국에 비해 떨어지기 시작했고, 많은 과학자가 미국에서 자유롭게 연구하고 수많은 노벨상을 받았다.

1914년 제1차 세계 대전이 일어나자 독일에서는 100개가 넘는 연구소에서 사람들을 죽일 신무기를 개발하기 시작했다. 전쟁이 끝난 뒤 각국 정부는 전쟁 무기를 개발하는 분야에 예산을 쏟아부었다. 이러한 치열한 경쟁은 결국 제2차 세계 대전과 가공할 위력을 가진 원자폭탄의 개발로 이어졌다.

19세기가 끝날 무렵 물리학 분야에서 과학자들은 뉴턴의 역학만으로는 자연 현상을 설명할 수 없다는 사실을 발견하기 시작했다. 이런 문제를 해결하기 위해 과학자들은 양자 역학을 발전시켰으며, 이로써 뉴턴의 고전 물리학은 무대 밖으로 밀려났다. 독일의 하이젠베르크와 덴마크의 보어 등이 양자 역학의 기초를 세운 사람들이다.

20세기 초 대부분의 천문학자가 태양은 은하수에 속한 별 가운데 하나에 불과하다는 것을 알았다. 또한 배율이 낮은 망원경에 흐릿하게 보인 안드로메다 성운 같은 것들도 은하수의 일부에 불과하다고 생각했다. 진실을 밝힌 사람은 미국의 허블이었다. 허블은 그 흐릿한 천체들이 우리 은하 밖 아주 먼 곳에 있으며, 안드로메다 성운은 우리 은하만큼이나 큰 은하계의 하나라는 사실을 알아냈다. 또한 허블은 우리에게서 멀리 떨어져 있는 은하일수록 더 빠른 속력으로 멀어져 간다는 사실을 알아냈다. 이 발견은 우주가 팽창한다는 이론의 근거가 되었고, 결국 오늘날 우리가 '빅뱅 이론'이라고 부르는 모델을 탄생시키기에 이르렀다.
  또한 과학자들은 원자 구조를 정확하게 이해함에 따라 원소와 화합물의 화학적 성질을 잘 설명할 수 있게 되었다. 1930년대에 미국의 폴링은 분자를 형성할 때 전자가 어떤 역할을 하는지를 설명했다. 그리고 양자 역학은 화학자들이 발견해 내는 모든 것을 이론적으로 예언해 주었다. 또한 거대 분자로 이루어진 새로운 화합물이 나왔고, 그 덕분에 새로운 인조 섬유와 플라스틱이 나왔다.

X선을 발견한 뢴트겐

뢴트겐(1845~1923)은 독일의 레네프에서 태어났다. 1865년 취리히의 연방공과 대학 기계공학과에 입학하여, 1869년에 박사 학위를 받았다. 그 후 뷔르츠부르크 대학의 물리학자인 아우구스트 쿤트의 조교로 경력을 쌓기 시작했다.

1895년 11월의 어느 날, 뢴트겐은 음극선관으로 실험을 하고 있었다. 음극선관은 긴 원통 모양의 유리관으로 양극과 음극을 봉해 넣은 다음, 진공 펌프로 관 속의 공기를 완전히 빼낸 것을 말한다. 이것에 전류를 통과시키면 관의 벽이 엷은 초록색으로 부옇게 빛을 냈다. 과학자들은 이 현상을 '형광'이라고 불렀다.

뢴트겐은 블라인드를 내려 실험실을 어둡게 하고, 음극선관을 검은 마분지로 완전히 덮었다. 아무리 강한 광선도 이 종이를 투과할 수는 없었다. 그런데 음극선관에 전류를 흐르게 하고 무심히 주위를 둘러보았더니, 1미터 정도 떨어진 곳에 있던 형광 스크린 하나가 환하게 빛나고 있었다. 그는 이 현상에 고개를 갸웃거렸다. 왜냐하면 음극선관은 검은 종이로 완전히 덮어 씌웠기 때문에 거기서 음극선이 새어 나올 수는 없었기 때문이다.

뢴트겐은 당시까지의 과학에서 알려지지 않은 무언가 새로운 것이 음극선관에서 나온다는 것을 깨달았다. 그는 이것이 나무·유리·고무 등 온갖 물질을 투과한다는 것을 알았고, 음극선관에 손을 갖다 대어 뼈의 그림자가 보이는 것까지 확인했다. 뢴트겐은 이 광선에 'X선'이라는 이름을 붙였다. 이 광선에 대해서 아는 것이 거의 없고, 수학에서 모르는 양을 나타내는 데 으레 'X'라는 글자를 썼기 때문이다.

뢴트겐의 발견은 큰 반향을 일으켰다. 단단한 물질을 뚫고 볼 수 있다는 것은 마법처럼 느껴졌고, 어떤 사람들은 이것이 나쁜 목적을 위한 주술이라고도 주장했다. 몇몇 사람들은 이 새로운 발명으로 사진사가 알몸 사진을 찍지 않을까 겁을 먹기도 했다. 그래서 이를 막기 위해 납을 덧댄 X선 속옷이 발명되기도 했다.

한편으로 진지한 학자들은 이 신비로운 광선이 인류에게 막대한 은혜를 베풀 것이라는 사실을 깨닫고 있었다. 의사들은 X선이 인체 속을 들여다볼 수 있다는 점을 재빨리 이용하여 X선으로 인체를 촬영하기 시작했다. 1896년 베를린의 어느 의사는 손가락 속에 박힌 이물질을 검출했고, 리버풀의 의사는 X선으로 한 소년의 두개골에 박힌 총탄을 찾아냈다.

그 밖에도 X선은 암세포를 죽이고 피부병을 치료하는 데 이용되었다. 그러나 강한 X선을 쬐고 나면 화상을 입거나 머리카락이 빠지는 위험성이 곧 드러났다.

1904년에 미국의 발명가 토머스 에디슨의 조수는 강한 X선에 쪼인 뒤 심각한 화상을 입고 암으로 숨졌다. X선은 요즘도 의료용으로 사용하지만, 쬐는 양은 주의 깊게 통제한다.

과학자들은 X선이 무엇인지 알아내기 위해 노력했다. 그 정체는 1912년 막스 폰 라우에의 실험으로 밝혀졌다. 그는 X선이 빛처럼 산란되어 무늬를 만든다는 사실을 발견하여 X선이 빛과 같은 전자기파임을 증명한 것이다. 그 후 X선 산란 사진은 물질의 결정 구조를 알아내는 중요한 도구가 되었고, 산업뿐 아니라 DNA와 같은 생체 분자의 구조를 밝히는 데도 필수적인 역할을 하고 있다. X선의 발견은 이렇게 여러 분야에서 커다란 영향을 끼쳤기에 뢴트겐은 1901년에 최초로 노벨 물리학상을 받았다.

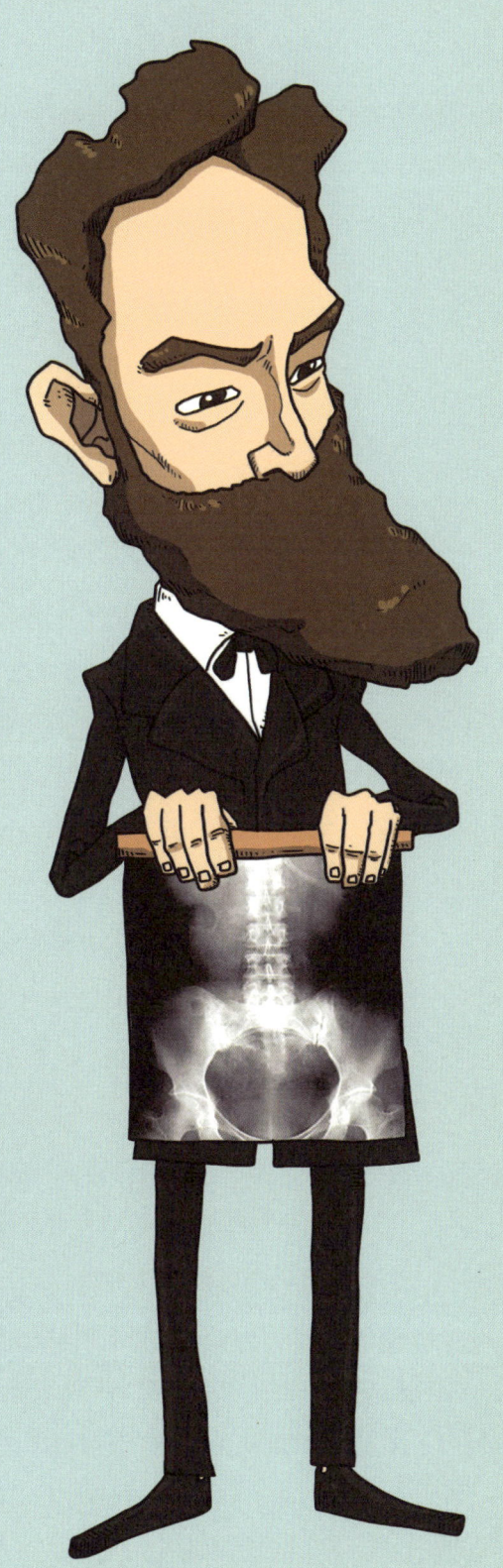

폴로늄과 라듐을 발견한 마리 퀴리

마리야 슬로도프스카(1867~1934)는 1867년 폴란드의 바르샤바에서 태어났다. 그녀는 고등학교를 최우등으로 졸업할 만큼 뛰어난 학생이었지만, 가난해서 스물세 살이 돼서야 파리의 소르본 대학에 진학할 수 있었다. 대학에 들어가자 그녀는 '마리야'라는 폴란드식 이름을 버리고, '마리'라는 프랑스식 이름을 사용했다. 그 후 마리는 여자로서는 처음으로 소르본 대학에서 물리학 박사 학위를 받고 1893년 우수한 성적으로 졸업했다. 이듬해에는 수학 박사 학위도 받았다.

마리는 남편 피에르 퀴리를 1894년 물리학 석사와 수학 석사 시험에 합격한 뒤에 만났다. 당시 피에르는 서른다섯 살의 노총각이었지만, 열여덟 살에 물리학 석사 학위를 받고 결정 구조의 대칭 원리와 압전 현상을 발견한 촉망받는 과학자였다. 이듬해 마리와 피에르는 소박한 결혼식을 올리고 연구 동료로서 우정과 사랑을 나눴다. 마리 퀴리는 남편과 더불어 지도 교수인 베크렐이 발견한 방사선을 연구하기 시작, 1898년 폴로늄과 라듐이라는 최초의 방사성 원소를 발견했다. 폴로늄은 마리의 조국 폴란드의 이름을 딴 것이다.

이 공로로 그녀는 1903년 앙리 베크렐과 남편 피에르 퀴리와 공동으로 노벨 물리학상을 받았다. 당시 여성은 과학 아카데미에도 참여할 수 없던 시절이었기에 그녀의 수상은 대단한 일이 아닐 수 없었다.

하지만 이에 대해 사람들은 두고두고 말이 많았다. 남편을 잘 만난 덕분에 노벨상을 받았다는 것이었다. 또한 폴로늄과 라듐을 발견한 것은 억척 여성이 이뤄 낸 노력의 결과일 뿐 연구라고 부르기에는 민망하다는 비난도 있었다. 방사선을 연구하려면 수십 킬로그램에 달하는 광석을 녹여 그 속에 1,000만분의 1 정도밖에 들어 있지 않은 방사성 물질을 분리해 내야 했는데, 이 과정이 육체노동에 가까웠기 때문이다.

그러던 중 1906년 남편 피에르가 교통사고로 사망하자, 마리 퀴리는 그 자리를 물려받아 소르본 대학 최초의 여성 교수가 됐다. 1911년 겨울, 그녀는 금속 라듐을 분리해 낸 공로로 화학 분야에서 두 번째 노벨상을 받았다. 마리 퀴리는 노벨상 수상 연설에서 "이제 저 혼자 라듐을 분리해 냈다는 것을 믿겠죠?"라고 말했다고 전한다. 그러나 프랑스 과학 아카데미에서는 여전히 그녀를 회원으로 받아들이기를 거부했다. 1923년에서야 마지못해 가입 원서를 접수했다.

물론 첫 번째 여성 회원이었다.

　마리 퀴리에게는 이렌과 에브라는 두 딸이 있었다. 이렌 퀴리는 대학을 졸업한 뒤 어머니의 조수로 일했다. 제1차 세계 대전 때는 어머니를 따라 전쟁에 참가해 X선 장치로 환자를 치료하기도 했다. 그녀는 어머니의 지도를 받으면서 폴로늄의 알파선을 연구해 1925년 박사 학위를 받았다. 그리고 이듬해에 어머니 밑에서 조수로 일하던 세 살 연하의 졸리오와 결혼했다. 졸리오-퀴리 부부는 1935년 인공 방사성 물질을 합성한 공로로 노벨 화학상을 받았다. 과학 분야의 두 번째 여성 노벨상 수상자 역시 퀴리 가문에서 나온 것이다.

무선 통신의 시대를 연 마르코니

마르코니(1874~1937)는 1874년 이탈리아 볼로냐에서 태어났다. 그는 볼로냐와 피렌체에서 교육을 받고 리보르노의 기술학교에 입학했다. 이곳에서 물리학을 공부했고, 전자기파를 만들어 전송시킨 헤르츠의 실험을 연구했다.

마르코니는 무선 통신 장치를 개발하기 위해 끊임없이 실험을 했다. 무선 전파를 송신하는 발진기를 개발했으며, 무선 전파를 수신하는 안테나를 고안하기도 했다. 또한 감도 높은 수신기를 개발하고 이것에 전기를 공급하는 장치를 연결하여 모스 신호를 인식할 수 있도록 했다. 1895년에는 이러한 여러 기술을 조합하여 실용화될 수 있는 무선 통신 장치를 완성했다.

첫 번째 실험은 마르코니의 집에서 3.2킬로미터 떨어진 곳까지 무선 신호를 전달하는 것이었고, 실험은 성공적으로 이루어졌다. 하지만 아무도 이 획기적인 발명에 관심을 갖지 않자 마르코니는 영국으로 건너가 무선 전신 특허를 취득하고 무선 전신 회사를 설립했다. 1899년에는 도버 해협을 건너는 무선 통신에 성공했다.

이어서 대서양 횡단 무선 통신에 도전하고자 영국의 남단에 높이 45미터 안테나를 1901년 8월에 완성했다. 같은 해 11월에는 미국으로 건너가 안테나를 150미터 높이까지 매달아 올린 수신 장치를 만들었다. 그리하여 12월 12일 영국에서 발신한 전파를 2,900킬로미터 떨어진 미국에서 잡는 데 성공했다. 이때 통신에 사용된 것은 오직 한 글자 'S'였다. 그 후 1902년 12월에는 캐나다에, 1903년 1월에는 미국에 각각 무선 통신국을 설립하여 영국과의 교신을 시작했다. 이와 같이 마르코니는 정열적인 활약과 불굴의 도전으로 무선 통신에 성공했기에 '무선의 아버지'가 되었고, 1909년에는 노벨 물리학상을 받았다.

당시 과학자들은 전파는 직진하는데 지구는 둥글기 때문에 무선 통신은 불가능하다고 생각하고 있었다. 무선 통신이 가능한 거리는 기껏해야 300킬로미터에 불과할 것이라는 계산 결과를 내놓기도 했다. 하지만 마르코니는 실험에 성공할 수 있었다. 그의 실험에서 전파가 지구 밖으로 사라지지 않고 둥근 지구를 건너갈 수 있었던 것은 대기 상층부에 전파를 반사시켜 주는 전리층이 있기 때문이다.

실험 당시 마르코니는 전리층의 존재를 알 리 없었다. 그는 무선 통신의 발명으로 1909년 노벨 물리학상을 탔지만 전리층의 존재는 그의 실험이 있고 20년이 지난 뒤에야 발견된 것이다.

이 덕분에 마르코니는 자신이 이룬 업적에 대해 이론적으로 가장 적게 이해하고도 성공한 발명가로 역사에 남아 있다.
　1912년 타이타닉호가 침몰할 때 마르코니의 무선은 700여 명의 승객을 구조하는 데 기여했다. 그리고 오늘날 우리는 휴대전화를 끼고 살며 무선 인터넷, 위성 항법 장치(GPS) 등 숱한 무선 통신에 둘러싸여 있다.

대륙 이동설을 주장한 베게너

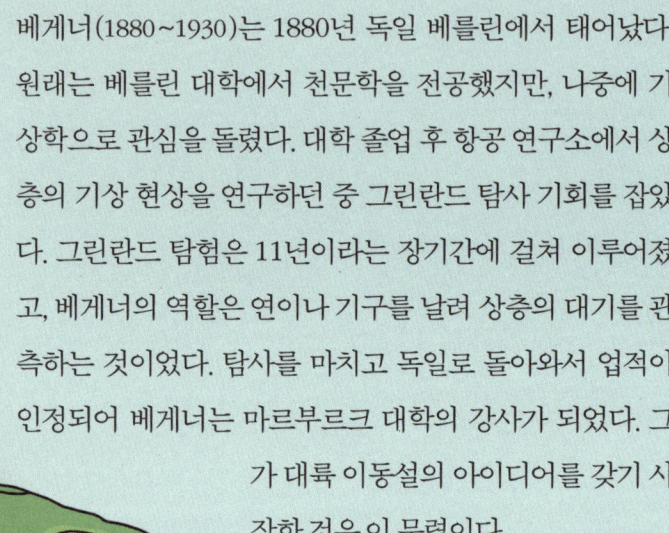

베게너(1880~1930)는 1880년 독일 베를린에서 태어났다. 원래는 베를린 대학에서 천문학을 전공했지만, 나중에 기상학으로 관심을 돌렸다. 대학 졸업 후 항공 연구소에서 상층의 기상 현상을 연구하던 중 그린란드 탐사 기회를 잡았다. 그린란드 탐험은 11년이라는 장기간에 걸쳐 이루어졌고, 베게너의 역할은 연이나 기구를 날려 상층의 대기를 관측하는 것이었다. 탐사를 마치고 독일로 돌아와서 업적이 인정되어 베게너는 마르부르크 대학의 강사가 되었다. 그가 대륙 이동설의 아이디어를 갖기 시작한 것은 이 무렵이다.

베게너는 1912년 독일 프랑크푸르트에서 열린 독일 지질학회에서 대륙의 이동에 대한 생각을 처음으로 발표했다. 그는 남북 아메리카 대륙과 유럽, 아프리카 대륙의 해안선이 매우 비슷하다는 점에서 현재의 대륙은 하나의 초대륙(판게아)이었던 것이 오랜 시간 분열 과정을 거쳐 나뉜 것이라고 주장했다. 그는 단순히 형태가 비슷하다는 것뿐 아니라 지질학·고생물학·동물지리학·식물지리학 등 광범위한 분야에 걸친 증거를 들어 자신의 이론이 옳다는 것을 주장했다. 예를 들어, 파충류의 일종인 '메소자우르스'라는 화석은 아프리카와 남아메리카의 대서양 연안에서만 발견된 점, 아프리카 남단에 동서로 뻗은 희망봉 산맥과 남아메리카 아르헨티나의 부에노스아이레스 남쪽을 동서로 가르는 산맥이 같은 지질구조이며 그 뻗은 방향도 거의 일치한다는 점이 그렇다. 베게너는 대륙 이동설을 정리한 《대륙과 해양의 기원》이라는 책에서 대륙을 찢어진 신문지에 비유해 다음과 같이 말했다.

"찢어진 부분을 맞출 때 신문에 적힌 기사가 이어진다면 같은 한 장의 신문지라는 것을 증명하는 것이다."

그러나 학회에 참가했던 지질학자들은 기상학자에 불과한 베게너가 어리석은 말을 한다고 심하게 비난했다. 베게너에게 결정적인 약점이 있었기 때문이다. 베게너는 거대한 대륙을 움직이게 하는 원동력을 설명하지 못했던 것이다.

　그 후 베게너의 인생은 참으로 파란만장했다. 그린란드 2차 탐험, 제1차 세계 대전 참전과 부상, 그리고 대륙 이동설 발표와 논쟁…. 1930년 그는 세 번째 그린란드 탐험의 대장으로 참가해 두께가 1,800미터나 되는 빙하를 발견하기도 했다. 그러나 베게너는 돌아오지 못하고 심장 발작으로 그린란드에서 사망하고 말았다.

　베게너가 주장한 대륙 이동설은 그가 죽은 지 20년도 더 지난 1957년에 다시 살아났다. 암석에 남아 있는 과거 지구의 자기를 연구한 결과 베게너의 주장이 사실임이 밝혀진 것이다. 하지만 여전히 문제는 엄청난 크기의 대륙이 과연 어떤 힘으로 움직였는가라는 질문에는 아무도 답을 할 수 없었다. 이 비밀은 좀 더 나중에 밝혀졌는데, 바로 지각 아래에 있는 맨틀의 대류에 있었던 것이다. 지구 내부에 있는 맨틀의 대류로 대륙이 뗏목처럼 맨틀을 따라 떠다녔고, 이런 과정에서 여러 가지 지형이 만들어졌다는 것이다.

　나중에는 대륙이 움직이는 것이 아니라 대륙이 얹혀 있는 단단한 판 모양의 플레이트라는 것이 움직인다는 학설도 나왔다. 이에 따라 화산이나 지진과 같은 현상도 통일적으로 다룰 수 있게 되었다. 지구 과학에 혁명을 일으킨 이 이론을 '판 구조론'이라고 부른다. 베게너는 바로 이 혁명에 불을 지핀 사람이다.

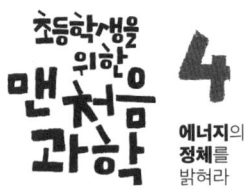

글 | 김태일
그림 | 마정원
원작 | 홍준의 · 최후남 · 고현덕 · 김태일

1판 1쇄 발행일 2007년 12월 10일
개정판 1쇄 발행일 2016년 9월 30일

발행인 | 김학원
경영인 | 이상용
편집주간 | 정미영
기획 · 편집 | 박민영 윤홍
디자인 | 김태형 유주현 최우영 구현석 박인규
마케팅 | 이한주 김창규 이정인 함근아
저자 · 독자서비스 | 조다영 윤경희 이현주(humanist@humanistbooks.com)
스캔 · 출력 | 이희수 com.
용지 | 화인페이퍼
인쇄 | 삼조인쇄
제본 | 정성문화사

발행처 | 휴먼어린이
출판등록 | 제313-2006-000161호(2006년 7월 31일)
주소 | (03991) 서울시 마포구 동교로23길 76(연남동)
전화 | 02-335-4422 팩스 | 02-334-3427
홈페이지 | www.humanistbooks.com

ⓒ 김태일 · 마정원, 2016

ISBN 978-89-6591-320-7 77400
ISBN 978-89-6591-315-3(세트)

만든 사람들

기획 | 정미영(jmy2001@humanistbooks.com)
편집 · 스토리 | 고홍준
편집 | 정은미 윤홍
디자인 | 김태형 최우영 디자인시

◎ 이 도서의 국립중앙도서관 출판예정도서목록(CIP)은 서지정보유통지원시스템 홈페이지(http://seoji.nl.go.kr)와 국가자료
  공동목록시스템(http://www.nl.go.kr/kolisnet)에서 이용하실 수 있습니다. (CIP제어번호: CIP2016020477)
◎ 이 책은 저작권법에 따라 보호받는 저작물이므로 무단 전재와 무단 복제를 금합니다.
◎ 이 책의 전부 또는 일부를 이용하려면 반드시 저작권자와 휴먼어린이 출판사의 동의를 받아야 합니다.
■ 사용연령 8세 이상 종이에 베이거나 긁히지 않도록 조심하세요. 책 모서리가 날카로우니 던지거나 떨어뜨리지 마세요.